POLYGLOTT on tour

Griechenland

Die Autoren

Gerhard Crispin und Claudia Christoffel-Crispin

Die Politologin und der Journalist reisen seit 1982 immer wieder nach Griechenland. Land und Leute haben sie durch ihre griechischen Freunde intensiv kennengelernt. Die beiden Saarbrücker leben heute in Mainz.

Das System der POLYGLOTT Sterne

Auf Ihrer Reise weisen Ihnen die Polyglott-Sterne den Weg zu den bedeutendsten Sehenswürdigkeiten aus Natur und Kultur. Für die Vergabe orientieren sich Autoren und Redaktion am UNESCO-Welterbe.

*** eine Reise wert ** einen Umweg wert * sehr sehenswert

Unsere Preissymbole bedeuten:

Hotel (DZ)		Restaurant (Menü)	
●●●	über 80 €	●●●	über 30 €
●●	50 bis 80 €	●●	20 bis 30 €
●	bis 50 €	●	bis 20 €

Reiseplanung

Land & Leute

Unterwegs in Griechenland

Die Region präsentiert sich gleich einem Schatzkästchen: Perlen die antiken Stätten, Juwelen die Inseln. Athens einzigartige Museen verschaffen Ihnen dazu tiefe Einblicke in die Epochen von der Kykladenkultur bis zur byzantinischen Zeit.

Im Pindosgebirge lädt Griechenland zum Bergsteigen ein. Makedonien ist voller byzantinischer Kunst, seine Strände locken auf die Chalkidiki. Das quirlige Thessaloniki und die spektakulären Meteora-Klöster machen das Entdeckerglück perfekt.

In dieser harmonischen Landschaft findet der klassische Griechenlandreisende seinen Traum: den Heiligen Hain von Olympia, das Theater von Epidavros, die Burg von Mykene.

Das berühmte Licht der Ägäis, blendendweiße Gassen, blaue Türen und Fensterläden – das sind die Kykladen. Auf Lesbos, Chios und Samos ist noch viel Ursprünglichkeit zu finden.

Die südlichste griechische Insel bildet eine Welt für sich. Die Wiege Europas bietet mit Knossos Kultur pur, fantastische Schluchten zum Wandern und dazu exzellente Strände.

Die größte Dodekanes-Insel fasziniert mit ihren Stränden und lockt gleichzeitig mit dem prächtigen Erbe der Johanniterritter, mit ruhigen Bergdörfern und ihrem lässig-sonnigen Charme.

Reiseplanung

Das Reiseland im Überblick][Die schönsten Touren][Touren in den Regionen][Klima und Reisezeit][Anreise][Reisen im Land][Sport und Aktivitäten][Unterkunft

Das Reiseland im Überblick

Sonne, Strände und küstennahe Berge machen Griechenland zu einem beliebten Reiseziel. Unverwechselbar macht es die grandiose Mischung aus antiker griechischer Kunst und byzantinischer Kultur. Einmalig machen es auch seine Bewohner: Selbstbewusst und gelassen verbringen die Griechen ihre Sommer mit den Gästen.

Akropolis, Agora, Archäologisches Nationalmuseum – die kulturellen Schätze von **Athen** ziehen Menschen aus aller Welt an. Doch die griechische Hauptstadt ist mehr: Sie hat sich zu einer modernen Metropole entwickelt, besitzt ein attraktives Umland mit Ausflugszielen wie Kap Sounion. In den nahen Parnassos-Bergen lockt die unvergleichliche Orakelstätte von Delphi.

Nordgriechenland lädt zum Bergsteigen ein – im Epirus mit seinen zerklüfteten Schluchten und dem Pindos-Gebirge. Makedonien ist mit Thessaloniki, Kastoria und Athos reich an byzantinischer Kunst. Seine Strände locken Hunderttausende auf die Chalkidiki. Am Rand der thessalischen Tiefebene erheben sich spektakulär die Meteora-Klöster.

Der Kanal von Korinth trennt den **Peloponnes** vom Festland. Hohe Gebirge prägen das Landesinnere. In den zur Küste abfallenden Landstreifen wachsen Oliven, Orangen und Zitronen. In dieser harmonischen Landschaft findet der klassische Griechenlandreisende seinen Traum: den Heiligen Hain von Olympia, das antike Theater von Epidavros, in Mykene kann er auf Schliemanns Spuren wandeln. Wer lieber nur am Strand liegt, der kommt an der Westküste auf seine Kosten.

Von den **Ägäischen Inseln** sind die Kykladen die strahlendsten, Santorin, Paros und Mikonos die Stars. Naxos gibt sich etwas weniger überlaufen. Die Nordostägäis mit den Inseln Samos, Lesbos und Chios zählt zu den eher unbekannten Schönheiten. Dort ist Wandern noch ein Erlebnis, findet man stille Bergdörfer. Und baden kann man natürlich auch.

Im Hafen von Naoussa (Paros)

Kreta, die südlichste griechische Insel, bildet fast schon eine Welt für sich. So reich an Mythen und Geschichten ist kein anderer Teil Griechenlands. Die Wiege Europas bietet mit Knossos Kultur pur, in den Bergen sollten auch erfahrene Bergwanderer vorsichtig sein, an den Stränden werden auch reine Badeurlauber glücklich. Wer mit dem Auto unterwegs ist, der kann wirklich entlegene Fleckchen entdecken.

Nach **Rhodos** kommen die meisten Gäste zur Erholung. Dabei verpassen die Nur-Sonnenanbeter so viel: vom prächtigen Erbe der Johanniterritter bis zur malerisch gelegenen Akropolis von Lindos. Ein weiterer Grund, von einem der Strände aufzubrechen, sind die ruhigen Bergdörfer.

Selbst für die Griechen ist **Korfu** eine besondere Insel. Sie schätzen das italienische Flair ebenso wie die britischen und französischen Einflüsse. Korfu-Stadt vereinigt dieses Erbe zu einem zauberhaften Ensemble, ist eine Stadt wie geschaffen zum Entspannen. Dazu kommen lange Sandstrände; an der Nordküste gibt es großartige Surfreviere.

Die schönsten Touren

Klassisches Griechenland für Genießer in drei Wochen

–①– Athen › Nafplio › Mykene › Epidavros › Olympia › Loutra Killinis › Delphi › Meteora › Vergina › Pella › Thessaloniki › Korinos › Athen

Distanzen:

Athen › Nafplio 3 Std. per Auto, **Nafplio › Olympia** 3 Std.; **Olympia › Loutra Killinis** 1 Std.; **Loutra Killinis › Delphi** 3 Std.; **Delphi › Meteora** 4 Std.; **Meteora › Vergina** 4 Std.; **Vergina › Thessaloniki** 2 Std.; **Thessaloniki › Korinos** 1 Std.; **Korinos › Athen** 6 Std.

Verkehrsmittel:

Für die Rundreise empfiehlt sich ein Auto mit Klimaanlage. In Athen und Thessaloniki ist man zu Fuß, mit dem Taxi und per U-Bahn besser unterwegs. Mietwagenfahrer reservieren also besser erst ab der Abreise von Athen. Zwischen den Städten der Tour verkehren auch die Überlandbusse der griechischen Verkehrsbetriebe KTEL. In der Regel ist eine Platzreservierung möglich.

Ein Bummel durch die quirlige Plaka, **Athens** Altstadt › S. 46, ist der gelungene Auftakt zur großen Griechenland-Rundreise. Erkunden Sie am Morgen den ***** **Akropolishügel** › S. 44 und flanieren Sie über die

Kretas Oliven sind die besten

****Griechische Agora** › S. 43, wo mit dem Theseion einer der besterhaltenen Tempel des Landes steht. Im *****Archäologischen Nationalmuseum** › S. 48 können Sie am dritten Reisetag den Goldschatz von Mykene bestaunen, abends geht es in Athens legendäres Ausgehviertel Psirri.

Auf der Fahrt nach ****Korinth** › S. 95 überqueren Sie den Kanal, der den Peloponnes vom Festland trennt. Sie erreichen ****Nafplio** › S. 98, eine der hübschesten Städte Griechenlands und Ihr Standort für die nächsten fünf Tage, um die großartigen archäologischen Stätten von **Mykene** › S. 96 und **Epidavros** › S. 97 zu besichtigen. Ein Spaziergang über die Hafenpromenade von Nafplio macht Sie am Tag Ihrer Ankunft sicher neugierig: Steigen Sie besser in der Morgenfrische die 1000 Stufen zur Festung ***Palamidi** hinauf, der Blick schweift von dort oben über die Stadt und das vorgelagerte Inselchen Bourdzi. Nachmittags bummeln Sie durch die Gassen oder durchs Komboloi-Museum.

Das Löwentor von *****Mykene** › S. 96 bildet die eindrucksvolle Pforte zur Palastanlage der mykenischen Könige, wo Sie leicht den Vormittag verbringen können. Ein weiterer Tag steht ganz im Zeichen der Ausgrabungen von *****Epidavros** › S. 97. Im antiken Theater ist noch immer auf den obersten Rängen jedes Flüstern auf der weit unten liegenden Bühne zu hören. Nach so viel Kultur kommt ein Badetag recht, z.B. am Strand des neben Nafplio gelegenen Badeorts **Tolo** › S. 100.

Dann geht es durch die Bergdörfer Arkadiens, Ziel der wirklich aussichtsreichen Fahrt ist *****Olympia** › S. 90. Ein Besuch im Archäologischen Museum macht Sie mit Hermes bekannt, der berühmten Marmorstatue des antiken Bildhauers Praxiteles. Für die Besichtigung des Heiligen Hains haben Sie am nächsten Tag Zeit. Nach zwei Übernachtungen in Olympia können Sie am Strand von **Loutra Killinis** › S. 90 Sonne tanken und in einer der Pensionen übernachten.

Über die spektakuläre Hängebrücke zwischen Rio und Andirio verlassen Sie den Peloponnes und gelangen entlang des Golfs von Korinth nach *****Delphi** › S. 52, zum Mittelpunkt der antiken Welt. Bestaunen Sie im Museum von Delphi einige der Geschenke, die die alten Griechen ihrem Gott Apollon machten. Wo genau nun die Priesterin ihre rätselhaften Botschaften verkündete, darüber orakeln Sie am folgenden Tag beim Rundgang durch die Anlage von Delphi.

Die Fahrt durch die thessalische Tiefebene führt Sie zu den Klöstern von ***Meteora › S. 81. Still ruhen sie auf jäh abfallenden Felsen. Nehmen Sie sich noch den nächsten Tag Zeit, um die Landschaft genauso zu genießen wie Ikonen und Wandmalereien. Ihr Weg führt weiter nach **Vergina › S. 70, wo das Grabmal Philipps II. in einem Hügel entdeckt wurde. Sein Sohn Alexander der Große wurde wohl in **Pella › S. 71 geboren, wo fantastische Mosaike Sie am folgenden Tag erwarten.

Von Pella aus geht es nach ***Thessaloniki › S. 72. Sie beginnen Ihren zweitägigen Aufenthalt mit einem Spaziergang zur **Platia Aristotelous, wo man auch prima den Abend verbringen kann. Stärken Sie sich am nächsten Morgen mit einem kräftigen Frühstück, um Kirchen und Museen sowie das Museum für Byzantinische Kultur zu besichtigen. Die Stadt bietet gute Shoppingmöglichkeiten.

Gemächlich gelangen Sie am nächsten Tag nach **Korinos** › S. 78, an dessen langen Sandstränden Sie sich noch zwei Badetage gönnen, bevor der Abschied naht. Die Rückfahrt nach Athen über die Schnellstraße zieht sich, aber danach können Sie bei einem Ouzo in der Plaka die vielen Eindrücke Revue passieren lassen. Nach einer letzten Nacht in Athen geht es ausgeruht zum Flughafen.

Zehn Tage Inselglück

② Kreta › Santorin › Mikonos › Paros

Distanzen:

Kreta › Santorin 2 Std. per Fähre; **Santorin › Mikonos** 3 Std.; **Mikonos › Paros** 1 Std.

Verkehrsmittel:

Die Fahrpläne der Highspeeds, Katamarane und Fähren ändern sich oft kurzfristig. Erkundigen Sie sich nach den aktuellen Zeiten. Verspätungen sind durch das Wetter oder lange Ladezeiten immer möglich. Es empfiehlt sich dann, im Hafen auf das Eintreffen der Fähre oder des Highspeeds zu warten. Auf den Inseln gibt es Busse, die Sie zu Sehenswürdigkeiten und Stränden bringen.

Nach Ihrer Ankunft auf **Kreta** › S. 118 fahren Sie mit dem Bus oder Taxi in die lebhafte Hauptstadt ***Iraklion** › S. 124, wo Sie dreimal übernachten werden. Im ****Archäologischen Museum** warten einzigartige Zeugen minoischer Kunstfertigkeit. Dort können Sie sich bereits auf den

In den kretischen Bergen ist der Esel noch alltägliches Transportmittel

nächsten Vormittag in ***Knossos › S. 125 einstimmen, der geheimnisvollen Palastanlage der minoischen Könige. Der Nachmittag bietet sich zum Bummel durch die Stadt an. Wenn Sie am nächsten Morgen früh nach *Agios Nikolaos › S. 125 aufbrechen, liegt die Nordküste Kretas vielleicht noch im zarten Dunst vor Ihnen. Das beliebte Städtchen liegt malerisch in der Bucht von Mirabello, an seinem ehemaligen Süßwassersee mit Durchstich zum Meer locken Cafés und Tavernen, in den Sträßchen lässt es sich herrlich schlendern und shoppen.

Am vierten Tag besteigen Sie die Fähre und freuen sich auf die spektakulärste Hafeneinfahrt Europas – mitten in den Krater von ***Santorin › S. 112. Dort werden Sie zweimal übernachten. Streifen Sie in **Thira, der Inselhauptstadt am Kraterrand, in den Gassen umher, trinken Sie in den Cafés mit Blick auf die Caldera einen griechischen Eiskaffee. Und lassen Sie sich auf keinen Fall **Ia entgehen, die ehemalige Kapitänssiedlung. Beim Schiffsanleger des winzigen Hafens kann man von der Mole aus ins Wasser springen, in den Tavernen dahinter frischen Fisch essen. Die wahre Attraktion kommt am Abend, wenn die Sonne spektakulär im Meer versinkt.

Am nächsten Vormittag genießen Sie die Fahrt nach **Mikonos › S. 110. Freuen Sie sich auf den Nachmittag am Hafen und in den Gassen der Inselhauptstadt, eines weißblauen Kykladentraums. Nachts ist endlos Party angesagt, gerne auch an den Stränden, z.B. am **Paradise Beach.** Wieder ausgeschlafen schauen Sie sich in Mikonos-Stadt weiter um, die Boutiquen führen ausgeflippte Mode, und das Viertel Klein-Venedig leuchtet im Abendlicht.

Nach zwei Nächten nehmen Sie Abschied von Mikonos und brechen mit der Fähre am Vormittag oder frühen Nachmittag nach ***Paros** › S. 106 auf. Nach Ihrer Ankunft haben Sie Gelegenheit zum Bummel durch ***Parikia,** die kleine Inselhauptstadt, bevor es am nächsten Tag über die kleinen Sträßchen der Marmorinsel zum postkartenschönen Fischerhafen von ***Naoussa** › S. 107 geht. In der Frühe sitzen dort Fischer, abends herrscht ein mondänes Flair, die Tavernen sind schick und teuer. Aber für den letzten Abend vor der Heimreise darf es ja auch etwas Besonderes sein.

Touren in den Regionen

Touren	Region	Dauer	Seite
Delphi und die Hafenstädte am Golf von Korinth	Rund um Athen	3 Tage	39
Der Pilion	Rund um Athen	3 Tage	41
Die Saronischen Inseln	Rund um Athen	6 Tage	42
Durch Epirus und Makedonien	Nordgriechenland	6 Tage	63
Zum Olymp und den Meteora-Klöstern	Nordgriechenland	3 Tage	65
Die Chalkidiki	Nordgriechenland	3 Tage	66
Korinth, Mykene und Epidavros	Peloponnes	4 Tage	84
Olympia und die Bergdörfer Arkadiens	Peloponnes	3 Tage	85
Der Süden mit Mani und Mistras	Peloponnes	3 Tage	86
Inseln im Kreis	Ägäische Inseln	9 Tage	105
Kretas Westen	Kreta	3 Tage	119
Minoische Paläste Festos und Knossos	Kreta	2 Tage	120
Zur Akropolis von Lindos	Rhodos	1 Tag	127
Entlang der Westküste nach Monolithos	Rhodos	1 Tag	129
Berge und Strände im Norden	Korfu	1 Tag	133
Zum Kloster von Paleokastritsa	Korfu	1 Tag	135

Klima und Reisezeit

In Griechenland herrscht mediterranes Klima. Die Sommer von Juni bis September sind trocken und heiß, die Winter von November bis Februar in vielen Regionen des Landes regenreich. Im Norden wird es nicht ganz so warm und es regnet auch mal. In Süd- und Zentralgriechenland hingegen kann das Thermometer im Juli und August bis auf 45 °C klettern. In der Ägäis sorgt der stürmische Nordwind Meltemi im Hochsommer für frischen Wind. Auf den ägäischen Inseln wird im Sommer regelmäßig das Wasser knapp. In den Wintermonaten fällt in den Gebirgen des Nordens Schnee, am Parnass im Pindos-Gebirge gibt es 24 km nordwestlich von Arachova sogar ein ganz respektables Skigebiet. Nach Süden hin werden die Winter milder, Schnee ist in der Ägäis abgesehen von den kretischen Bergen äußerst selten. Aber im Winter und im Frühjahr weht manchmal der Scirocco, ein wenig beliebter warmer Südwind, der Sand mit sich tragen kann.

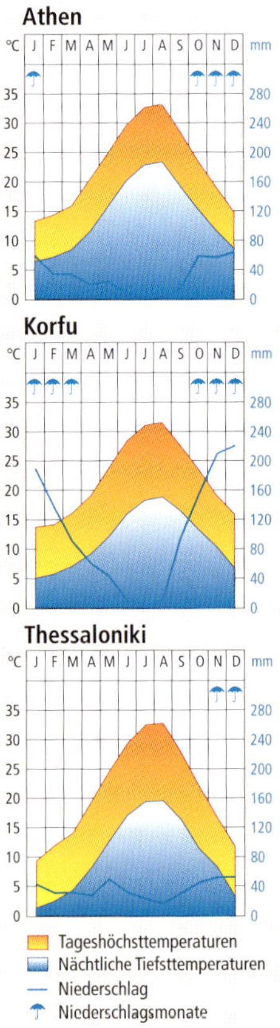

Wann wohin?

Im Mai und Juni blüht das Land – eine ideale Zeit für Wanderer. Ein Erlebnis ist das griechische Osterfest, allerdings ist dann im Land absolute Hochsaison. Ein idealer Bademonat ist der September, wenn das Meer noch warm und der Touristenboom bereits vorbei ist. Ab Mitte Oktober wird es kälter und regnerisch. Mild und sonnig bleibt es dagegen auf Kreta und Rhodos. Rethimnon › S. 122 oder Rhodos-Stadt › S. 130 sind passable Winterziele.

Anreise

Mit dem Flugzeug

Per Linie oder Charter sind ca. 20 griechische Flughäfen aus dem Ausland direkt zu erreichen. Neben Linienflügen (z.B. von Aegean Airlines, www.aegeanair.com) erlauben heute auch die meisten Ferienflüge eine Kombination unterschiedlicher Start- und Zielorte.

Zwischen dem Athener Flughafen Eleftherios Venizelos (www.aia.gr) bei Spata und dem Sintagmaplatz im Zentrum pendeln Tag und Nacht Busse. Der Flughafen ist auch mit der Metro zu erreichen.

Mit Bahn und Europabus

Per Bahn: Mit dem Zug nach Griechenland zu reisen ist langwierig. Die Strecke München–Athen z.B. dauert 39 bis 43 Stunden (www.bahn.de).
Per Europabus: Deutsche Touring, Am Römerhof 17, 60468 Frankfurt, Tel. 069/7903501, www.touring.de (z.B. Frankfurt–Thessaloniki in rund 24 Stunden).

Mit der Fähre

Die Fähren von Italien nach Griechenland starten in Venedig, Ancona, Brindisi und Bari. Das Ziel für Nordgriechenland ist Igoumenitsa (Reisezeit mindestens 15 Std.), für den Peloponnes und Zentralgriechenland empfiehlt sich Patras (ab 19 Std.). Der Preis ist gleich. In der Zwischensaison reisen zwei Personen in der Zweibettkabine inkl. Pkw hin und zurück für ca. 700 €. In der Hauptsaison ist die Fahrt bis zu 40 % teurer. **Camping an Bord mit dem Wohnmobil** ist bei vielen Reedereien möglich. Die wichtigsten:

- **Anek/Ventouris Lines**
c/o Ikon München,
Tel. 089/59988890,
www.ikon-reiseagentur.de
- **Attica/Superfast**
Tel. 0451/88006-0,
www.superfast.com
- **Minoan Lines**
Tel. 0030/2104145700,
www.minoan.gr
- Gute Fährwebsites sind www.greekferries.gr, www.ocean24.com
- Ein spezialisiertes Reisebüro ist TDS München, Tel. 089/2609418, www.tdsreisen.de

Im Fährhafen von Piräus

Reisen im Land

Mit dem Flugzeug

Auf zeitraubenden Strecken wie Athen–Rhodos, Athen–Kreta oder Athen–Kastoria lohnt es sich, mit dem Flugzeug zu reisen. Die Inlandsflüge sind nämlich recht billig, allerdings oft verspätet. Die Tickets sollte man nach Möglichkeit frühzeitig, am besten schon zu Hause kaufen, denn die begehrten Inslandsflüge sind oft ausgebucht.

■ Aegean Airlines

Tel. 00 30/21 06 26 10 00 (Anrufe vom Handy und aus dem Ausland), Tel. 80 11 12 00 00 (Anrufe aus dem griechischen Festnetz), www.aegeanair.com

Mit dem Bus

Mit den grün-weißen KTEL-Bussen (www.ktel.org) erreichen Sie preisgünstig fast jedes Dorf und bekommen schnell Kontakt zu Griechen. Die Abfahrtszeiten erfährt man in Busbahnhöfen, Touristenbüros oder am Kiosk.

Bei Ausflügen in abgelegenere Orte ist es besser, sich vorher nach der Rückfahrt zu erkundigen. Fahrkarten sind vor der Abfahrt im Busbahnhof erhältlich, bei kürzeren Strecken zahlt man im Bus.

Mit dem Taxi

Kostengünstige Alternative zum Mietwagen ist die Kombination Bus/Taxi. Der Fahrpreis für längere Strecken ist Verhandlungssache. Auf dem Land heißen die Taxis übrigens »Agoreon«.

Mit dem Schiff

Per Fähre, Highspeed oder Flying Dolphin erreicht man ab Piräus fast alle Inseln (die Überfahrt nach Kreta dauert mit der Fähre ca. 11 Std.). In den Sommermonaten verkehren überwiegend die schnelleren, zugleich aber auch wesentlich teureren Highspeeds. Der Fahrpreis beinhaltet einen festen Sitzplatz, ein Aufenthalt an Deck ist während der Fart aber nicht möglich.

Während die Schiffe in Piräus pünktlich ablegen, kommt es zwischen den Inseln öfter zu Verspätungen. Fahrpläne sind bei EOT › S. 138 erhältlich, im Internet unter www.gtp.gr, www.greek-islands-ferries.gr (auch Infos zu Hotels auf den Inseln) und www.greekferries.gr sowie in örtlichen Reisebüros.

Mit dem Auto

Erlaubt sind auf der Autobahn 100 bis 120 km/h, auf Landstraßen 90 km/h, in der Stadt 50 km/h. Gelbe Linien an den Straßenrändern bedeuten Parkverbot. Nur auf drei Fernstrecken, die autobahnähnlich ausgebaut sind und Gebühren kosten, müssen Sie mit dichtem Verkehr rechnen: Athen–Thessaloniki, Igoumenitsa–Larissa und Athen–Patras. Straßennamen stehen auf den Schildern meist in griechischer und lateinischer Schrift.

Wer mit dem eigenen Fahrzeug anreist, sollte unbedingt eine Vollkaskoversicherung für seinen Pkw abgeschlossen haben und die grüne Versicherungskarte mitnehmen. Für Autos bzw. Motorräder besteht Gurt- bzw. Helmpflicht.

!! Kaum jemand hält sich an Tempolimits. Die Unfallhäufigkeit mit Todesfolge ist fast dreimal so hoch wie in Deutschland. Die Bußgelder bei Verkehrsverstößen wurden 2007 drastisch angehoben.

Sport und Aktivitäten

Wassersport

Breite Sandstrände gibt es an der Westküste des Peloponnes, im Osten am Olymp und auf der Chalkidiki. **Ein Paradies für Schnorchler** sind die felsigen Küstenabschnitte. Die Unterwasserwelt Griechenlands gehört zu den attraktivsten Tauchrevieren des Mittelmeeres. Beliebt bei Sporttauchern sind die Küsten des Peloponnes, der Ionischen Inseln, der Chalkidiki und Kretas. Weitere Auskünfte über offizielle Tauchbasen erhalten Sie beim Verband Deutscher Sporttaucher, Berliner Str. 312, 63067 Offenbach, Tel. 0 69/98 19 02, 98 19 05, www.vdst.de. Echt gut!

Buch-Tipp **Tauchführer Griechenland** von Volker Grundmann (als CD-Rom über www.griechenlandtauchen.de erhältlich; etwas veraltet, aber immer noch lesenswert).

Das griechische Meer ist auch ein sehr gutes Segelrevier. Der griechische Fremdenverkehrsverein EOT gibt nützliche Tipps, u.a. wichtige Adressen von Marinas, Hafenämtern und Bootsverleihern › S. 138.

Wandern und Radfahren

Wie wäre es mit der Besteigung des Olymps › S. 79, einer Durchquerung der gewaltigen Vikos-Schlucht › S. 69 oder einer Wanderung auf der Chalkidiki › S. 75? Von Florina bis Githio verläuft übrigens der Europäische Wanderweg E4 › S. 80.

Bergtouren pauschal

Geführte Bergwandertouren organisieren der Deutsche Alpenverein – DAV Summit Club in München, Tel. 0 89/64 24 00, www.dav-summit-club.de, sowie die Alpin-Schule Innsbruck, Tel. 00 43/512/54 60 00, www.asi.at.

Bei der EOT sind dazu Prospekte und Wanderbroschüren mit Berghüttenverzeichnis erhältlich › S. 138. Gute Informationen gibt es auch beim Griechischen Bergsteigerverband EOOA, Milioni 5, 10673 Athen, Tel. 21 03 64 59 04, www.eooa.gr.

Geführte Wanderungen und **Musikreisen auf griechischen Inseln** Echt gut und in Nordgriechenland bietet der Reiseveranstalter »Inselwandern in Griechenland« an, Kemeler Weg 15, 56370 Reckenroth, Tel. 0 61 20/86 51, www.inselwandern-hermann.de.

Warum nicht Kreta oder die Meteora-Klöster mit dem Fahrrad entdecken? Vielerorts kann man Räder stunden- oder tageweise mieten. Reiseveranstalter organisieren sogar Studienreisen mit dem Fahrrad (z.B. Studiosus in München, Tel. 0 89/50 06 00, www.studiosus.com).

Echt gut!

Burgfelsen-Besteigungen

- **Peloponnes:** Wanderschuhe schnüren und auf geht's. Der Weg zur Oberstadt von Monemvasia › S. 102 krallt sich in die gewaltige Felswand. Holprig, nur für Schwindelfreie.
- **Skiathos:** Nach Kastro › S. 58 auf hoher Klippe führt eine Zugbrücke. Wandern Sie ab Skiathos-Stadt in drei schweißtreibenden Stunden.
- **Korfu:** Die Aussicht von der byzantinischen Festung Angelokastro › S. 137 lohnt den halbstündigen Fußmarsch.
- **Rhodos:** Die Festung auf der Akropolis von Lindos › S. 131 ragt steil aus dem Meer, ist aber über Treppenstufen zu erreichen.
- **Korinth:** Die Burg von Akrokorinth › S. 96 bietet eine fantastische Sicht auf den Ost-Peloponnes. Wandern durch die weglose Macchia oder mit dem Taxi hinauf?
- **Kreta:** Zur venezianischen Fortezza in Rethimnon › S. 122 spazieren Sie gemächlich auch mit Kindern. Stadt und Meer präsentieren sich aus neuer Perspektive.

Unter freiem Himmel

spielt sich von Mai bis Oktober alles ab: Theater, Konzerte, Kino und Disco. Luftige Höhepunkte sind verschiedene Festspiele, z.B. in Epidavros und im Herodes-Attikus-Theater in Athen. Ein Ohrenschmaus sind auch Open-Air-Konzerte griechischer Künstler. **EOT-Festivalbüro,** Athen, Panepistimiou 39 (in einer Passage), Tel. 21 03 27 20 00, www.hellenicfestival.gr, Veranstaltungen in der »Griechenland Zeitung«. Nach dem Theater geht es in die Open-Air-Disco – mit Popmusik und Bouzouki-Klängen. In Griechenland feiert man gerne – und lange.

Ferien im Klassenzimmer

Wer Neugriechisch lernen möchte, für den bietet z.B. die Griechin Efi Anthopoulou in Thessaloniki Kurse an (Tel. 23 10 41 10 72). Aber auch auf verschiedenen Inseln finden von Ostern bis in den Spätsommer hinein entsprechende Sprachkurse statt. Infos und Adressen bei der EOT › S. 138.

Special

Mit Kindern unterwegs

Mit Kindern nach Griechenland zu reisen, macht einfach Spaß, weil das Land so viel bietet.

Spezialveranstalter

Zwei gute Veranstalter mit Programm für Kids und Teens sind:

- **Corfelios-Reisen**
Mittlerer Kirchweg 1, 79410 Badenweiler, Tel. 0 76 32/82 45 55, www.urlaub-griechenland.de
- **Vamos Eltern-Kind-Reisen**
Hindenburgstr. 27, 30175 Hannover Tel. 05 11/4 00 79 90, www.vamos-reisen.de

Die besten Strände

Flache Strände mit viel Sand finden Sie auf dem Peloponnes bei **Loutra Killinis** › S. 90, auf der Chalkidiki bei **Sani** › S. 76 und bei **Sarti** › S. 76, an den nordgriechischen Stränden von **Korinos** › S. 78 und **Platamonas,** auf Kreta bei **Rethimnon** › S. 122 und Richtung Chania bei **Georgioupolis.**

Pommes und Souvlaki

In den Tavernen sind Kinder gern gesehene Gäste. Die heiß geliebten Pommes kommen als frittierte Kartoffelscheiben daher und heißen *patates tiganites.* Typische Fleischgerichte, die auch Zweijährige mit Heißhunger verspeisen, sind gegrillte Schweinespießchen, *souvlaki*, und Hähnchen, *kotopoulo.* Oft schätzen Kinder die frittierten kleinen Fische, *psarakia*, oder frittierte kleine Tintenfischlein, *kalamarakia.* Wer es gesund mag, der bestellt Gurken, *angouri*, und Tomaten, *tomates.* Wasser, *nero*, kann man in großen Flaschen ordern.

!! Die ganz Kleinen sind in der Regel begeisterte Strandbesucher. Schützen Sie sie gut gegen UV-Strahlen! Auch ein Sonnenhütchen ist unerlässlich. Pampers gibt es überall, die Auswahl an Babygläschen ist in Geschäften und Apotheken beschränkt.

Museums-Attraktionen für coole Kids

Antike ist nur etwas für Große? In diesen Museen begeistern sich Kinder für die coolen Heldengeschichten der alten Griechen:

■ Ein echtes Highlight ist der Goldschatz aus Mykene im **Archäologischen Nationalmuseum Athen** › S. 48.

■ Jüngere Kinder beeindruckt das Riesengrabmal im **Archäologischen Museum Piräus** › S. 48.

■ Spannend im **Archäologischen Museum von Iraklion** › S. 124: Die Minoer hatten sogar Brettspiele, kaum 3500 Jahre her; und eine Schlangengöttin.

■ Geheimnisvoll: Wie ein Entdecker betritt man das Halbdunkel des **Grabmals Philipps II. in Vergina** › S. 70.

Die spannendsten Ausgrabungsstätten

Diese Ausgrabungsstätten können Kinder selbst erforschen:

■ **Griechische Agora, Athen** › S. 43: Auf dem alten Markt wurden Fische und Obst gehandelt, in den Wandelhallen Reden geschwungen. Das Theseion zählt zu den besterhaltenen Tempeln Griechenlands. Es ist ein weitläufiges Gelände für Entdecker.

■ Die **Mosaike von Pella** › S. 71, dem Geburtsort Alexanders des Großen, gleichen Comics, die spannende Storys aus antiken Zeiten erzählen.

■ **Der Palast von Knossos, Kreta** › S. 125: Im alten Kreta errichteten die Minoer ihrem König einen gewaltigen Palast, in dessen Räumen bunte Wandgemälde zu bestaunen sind. In halb verfallenen Vorratsräumen stehen riesige Krüge aus Ton. Die Form der Säulen ist seltsam: Stehen sie etwa auf dem Kopf?

■ **Tempel von Dion, Makedonien** › S. 78: Stege führen über sumpfige Wiesen zu den Tempeln, Frösche quaken zu Füßen der Götterstatuen. Hier wurde in der Antike heiß gebadet, Theater gespielt und geopfert.

■ **Ruinenstadt Mistras, Peloponnes** › S. 101: Hier sind Forscher mit Kondition gefragt. Schließlich ziehen sich die Ruinen von Häusern und Kirchen den ganzen Hügel hinauf. Gebaut hat die Festung der Kreuzritter Villehardouin.

■ **Altstadt von Rhodos** › S. 130: Sie ist von einer mächtigen Stadtmauer umgeben. Ein Bummel durch die Ritterstraße führt an den Herbergen der Ritter entlang. Alles ist so gut erhalten, dass man fast noch Pferdehufe auf dem Pflaster klappern hört.

Aktuelle Öffnungszeiten und Eintrittspreise: www.culture.gr.

Unterkunft

Pensionen und Hotels

Zimmer, *rooms*, *domatia* gibt es überall. Oft bieten Wirte ihre Zimmer schon am Busbahnhof oder im Hafen an. Dabei ist das Risiko für eine Nacht gering, notfalls sucht man sich am nächsten Tag ein anderes Quartier. Nur in der Hauptreisezeit, im Juli und August, sind Reservierungen nötig.

Hotels wie Privatunterkünfte werden von der griechischen Behörde für Tourismus kontrolliert. Sie setzt Kategorien und Höchstpreise fest. Allerdings lässt sich nur selten von der Kategorie auf die Qualität der Zimmer schließen. Stadthotels sind in der Regel ca. 20 Prozent teurer. Das meist einfache Frühstück wird häufig extra berechnet.

Bauernhöfe und Ferienhäuser

Ideal für den Agrotourismus ist z.B. Kreta im Gebiet von Rethimnon (Infos: EOT, Tel. 28 31 02 91 48, www.rethymnon.gr). Eine besondere Attraktion sind die **traditionellen Archontika**, alte restaurierte, zu modernen Hotels oder Ferienwohnungen umgebaute Häuser (auf der Mani, dem Pilion oder Santorin).

Echt gut!

Camping

Empfehlenswerte Plätze gibt es auf der Chalkidiki, an der Olymp-Küste, bei Meteora, Delphi, auf dem Peloponnes. Wildes Campen ist verboten. **Hotelverzeichnisse und Campingführer:** EOT › S. 138; Hellenic Chamber of Hotels, www.grhotels.gr; Panhellenic Camping Association, www.panhellenic-camping-union.gr.

Echt gut!

Hotels mit großartiger Aussicht

- **Sani Beach Hotel**
  Der Komplex mit Hotel und Bungalows liegt am weißen Sandstrand der Chalkidiki, wo das Meer türkis schillert. ●● › S. 77
- **Cavalieri**
  Das Adelshaus (17. Jh.) in Korfu-Stadt wurde am Esplanade-Platz errichtet. ●●● › S. 136
- **Elounda Beach Hotel**
  Elounda, Kreta, Tel. 28 41 06 30 00, www.eloundabeach.gr
  Luxustempel mit Blick auf die wundervoll geschwungene Bucht des Golfs von Mirabello. ●●●
- **Minoa Hotel**
  In Tolo sieht man nachts den Mond auf den Wellen glitzern. ●● › S. 100
- **Panorama**
  Auf Santorin sehen Sie auf blaue Kirchenkuppeln, die über dem Krater schweben. ●●● › S. 114
- **Byzantion**
  Vis-à-vis erstreckt sich an einem Hang voller Zypressen Mistras. ●● › S. 101

Land & Leute

Steckbrief][Geschichte im Überblick][
Natur und Umwelt][Kunst und Kultur][
Feste und Veranstaltungen][
Essen und Trinken

Steckbrief

Griechen-land

Fläche: 132 000 km² (84 Einw./km²)
Hauptstadt: Athen
Amtssprache: Griechisch
Stadt-/Landbevölkerung:
58 % / 42 %
Einwohner: 12 Mio.,
Großraum Athen 4 Mio.,
Thessaloniki knapp 1 Mio.
Touristen pro Jahr:
Etwa 10 Mio.

Lebenserwartung:
Frauen 76,4 Jahre, Männer 72,2 Jahre
Landesvorwahl: 00 30
Währung: Euro
Zeitzone: MEZ + 1 Std.

Lage

Griechenland liegt am östlichen Rand Europas in einer tektonisch hochaktiven Zone, wie regelmäßige Erdbeben immer wieder zeigen. Grüne, ertragreiche Gebiete wie das Thessalische Becken bilden die Ausnahme. Große Teile des Landes leiden selbst nach viel Regen unter Trockenheit, da das poröse Kalkgestein die Niederschläge nicht speichern kann. Das mächtige Pindos-Gebirge im Westen bildet das geografische Rückgrat, und im Osten ragt der höchste Gipfel fast 3000 m aus dem Olymp-Massiv.

Ein Fünftel der Fläche Griechenlands entfällt allein auf die 3087 Inseln, von denen nur 87 bewohnt sind. Nachbarstaaten von Griechenland sind die Türkei, Bulgarien, FYROM (Republik Makedonien) und Albanien.

Politik und Verwaltung

Griechenland ist seit 1975 eine parlamentarische Republik. Seither beherrschen die Parteien PASOK (Panhellenische Sozialistische Bewegung) und ND (Nea Dimokratia) abwechselnd das Land. Die Parlamentswahlen 1996 und 2000 führten zum Sieg der PASOK unter Ministerpräsident Kostas Simitis, 2004 kam es zum Regierungswechsel: Ministerpräsident wurde Kostas Karamanlis

(ND). Bei den Wahlen 2009 wurde er von Georgios Papandreou abgelöst (PASOK). In der schweren Wirtschaftskrise trat er 2011 zurück. In der Übergangsregierung arbeiten ND und PASOK erstmals zusammen. Neuwahlen stehen 2012 an. Staatspräsident ist seit 2005 Karolos Papoulias. Die Elleniki Dimokratia ist Mitglied von UNO, EU und NATO.

Wirtschaft

Griechenland gehört seit 2001 zur Europäischen Währungsunion. In der aktuellen Finanzkrise zählt es zu den Ländern mit hohem Risiko, denn es befindet sich in einer Wirtschaftskrise, deren Ausmaß im Jahr 2011 die gesamte Europäische Union erschütterte. Die Stabilität des Euros wankte, die Währungsunion geriet in Gefahr. Der griechische Staat hatte so enorme Schulden aufgetürmt, dass dem Land der Bankrott drohte. Um die Krise zu bewältigen, muss die Regierung Strukturreformen durchführen und ein Sparprogramm auflegen. Für die Bürger heißt das u.a., dass massiv Arbeitsplätze verloren gehen. Außerdem müssen die Griechen mehr und auch neue Steuern zahlen. Die Renten werden gekürzt, tausende Staatsbedienstete sollen suspendiert werden. Der Tourismus gehörte 2011 zu den wenigen florierenden Wirtschaftszweigen.

Religion

Über 90 % der Bevölkerung gehören der griechisch-orthodoxen Kirche an, die im Alltag nach wie vor eine große Rolle spielt. Zeichen der Verbundenheit mit der Religion sind überall sichtbar: Kein Dorf ist ohne Kirche, an jeder Straßenecke steht ein *eklisiaki,* eine Miniaturkirche. Diese sind häufig ein Symbol der Dankbarkeit für die Errettung aus einer Gefahr; am Straßenrand stehen sie meist zum Gedenken an Unfallopfer.

Sprache und Schrift

Griechisch ist eine schwierige Sprache. Zum Glück sprechen viele Griechen Englisch oder etwas Deutsch. Das erleichtert die Verständigung sehr. Aber wer sich selbst ein paar Brocken Neugriechisch aneignet, der wird überall auf große Begeisterung stoßen. Dabei sind die Kenntnisse des Altgriechischen nur ein kleiner Vorteil, denn das Neugriechische hat sich sogar in der Aussprache der Buchstaben verändert.

Die Schrift dieser indogermanischen Sprache hat wahrscheinlich ihren Ursprung in den phönizischen Schriftzeichen. Wenn man die Buchstaben lesen kann, fällt die Orientierung leichter. Akzente werden nur fakultativ als Betonungshilfe gesetzt.

! Die griechischen Wörter werden unterschiedlich in die lateinische Schrift übertragen. So weichen die Ortsbezeichnungen auf Straßenkarten, Schildern, in Broschüren und Reiseführern oft voneinander ab.

Buch-Tipp Praktisch für die Reise ist der Polyglott-Sprachführer Griechisch.

Geschichte im Überblick

2100–1400 v. Chr. Die Minoer entwickeln ihr Reich auf Kreta zu einer Handelsmacht.
1400 v. Chr. Die Achäer erobern Kreta und bringen die Insel unter griechische Herrschaft.
1200–800 v. Chr. Stämme aus dem Westbalkan dringen nach Süden vor. Die Dorer verlassen den Epirus und nehmen den Peloponnes ein. Dorer, Ionier und Äolier bilden eine einheitliche Kultur, Sprache und Religion aus.
740–640 v. Chr. In zwei Kriegen unterwerfen die Spartaner die Messenier. Sie werden dadurch führend auf dem Peloponnes.
550 v. Chr. Sparta gründet den Peloponnesischen Bund zur Absicherung seiner Herrschaft.
490 v. Chr. Der Angriff des Perserkönigs Darius wird vom Athener Feldherrn Miltiades bei Marathon abgewehrt.
480 v. Chr. Schlacht bei Salamis. Der Perserkönig Xerxes wird von den Athenern besiegt.
431–404 v. Chr. Peloponnesischer Krieg. Sparta besiegt Athen.
377 v. Chr. Die Spartaner werden von Theben auf den Peloponnes zurückgedrängt.
338 v. Chr. Philipp II. von Makedonien erobert Griechenland und vereinigt die Stadtstaaten.
336 v. Chr. Philipps Sohn Alexander der Große formt aus dem Hellenenbund ein Weltreich. Er vernichtet das persische Großreich und erobert Teile Indiens.
323 v. Chr. Alexander stirbt plötzlich. Das riesige Herrschaftsgebiet wird in langen Kämpfen unter den Nachfolgern, den sogenannten Diadochen, aufgeteilt.
146 v. Chr. Die Römer schließen Griechenland ihrem Reich an.
395 n. Chr. Das Imperium Romanum zerfällt in West- und Ostrom. Griechenland fällt an Ostrom, das bis 1453 als Byzanz weiter besteht.
1054 Es kommt zur Spaltung zwischen der abendländischen und der orthodoxen Kirche.
1204 Beim 4. Kreuzzug beginnen Venezianer und Franken mit der Aufteilung griechischen Bodens.
1453 Die Osmanen besetzen Byzanz. Griechenland blickt einer 400 Jahre dauernden Fremdherrschaft durch die Türken entgegen.

Hadrianstor in Athen

1821 Der Unabhängigkeitskampf beginnt. Frankreich, Großbritannien und Russland greifen auf Seiten Griechenlands ein.

1830 Die Türken erkennen Griechenlands Unabhängigkeit an.

1832 Prinz Otto von Bayern, noch minderjährig und leicht zu lenken, wird auf Drängen der Großmächte zum König von Griechenland erklärt.

1912–1913 Nach den Balkankriegen gegen die Türkei erweitert Griechenland sein Herrschaftsgebiet um Epirus, Makedonien und die Ägäischen Inseln (mit Ausnahme der Dodekanesinseln).

1921–1922 Der Versuch, Teile der Türkei zu erobern, wird zur Katastrophe: 1,5 Mio. Griechen müssen Kleinasien verlassen.

1936–1941 Der Diktator General Metaxas herrscht über das Land.

1941–1949 Der Zweite Weltkrieg geht für die Griechen nahtlos in einen Bürgerkrieg über.

1967 Eine Militärjunta kommt durch Putsch an die Macht. 1974 muss sie zurücktreten.

1974 In einer Volksabstimmung entscheiden sich die Griechen für die Republik als Staatsform.

2002 Der Euro wird eingeführt.

2004 Athen richtet die Olympischen Sommerspiele aus.

2011 Griechenland ist fast bankrott. Sogar ein Austritt aus der Eurozone wird diskutiert. Nach dem Rücktritt von Ministerpräsident Georgios Papandreou wird eine Übergangsregierung unter der Leitung des Ökonomen Loukas Papadimos eingesetzt.

2012 Die Regierung muss ein hartes Sparpaket umsetzen. Neuwahlen sind Ende April.

Natur und Umwelt

Mandel- und Zitrusbäume blühen, bunte Blumenwiesen leuchten im schattigen Olivenhain, Zikaden zirpen, es duftet nach Thymian: Mensch und Natur scheinen in Griechenland in Eintracht miteinander zu leben. Aber die Griechen gehen nicht gerade zimperlich mit ihrer Umwelt um. Griechenland leidet immer wieder unter verheerenden Waldbränden, die nicht selten auf Brandstiftung zurückgehen, und unter einem Müllproblem, das durch den Tourismus noch geschürt wird. Die Kommunen wissen nicht mehr, wohin mit den Bergen von Aluminium und Plastik. Die Konsequenz: illegale Müllkippen. Dabei ist der Tourismus als Wirtschaftsfaktor auch ein Motiv, die Umwelt zu schützen.

An den Küsten Griechenlands liegen empfindliche Feuchtbiotope. Das Bewusstsein für den touristischen Wert dieser leicht zerstörbaren Naturräume wächst – von den Deltas der Flüsse Nestos und Evros bis zum nordwestlichen Peloponnes. Dort bilden Seen, Wälder und Sümpfe zwischen der Lagune von Araxos und dem See von Kotichi eine einzigartige Feuchtlandschaft. Tausende von Seevögeln, darunter Sichler, Purpurreiher und Stelzenläufer, rasten dort auf ihrer jährlichen Frühjahrswanderung.

Zu dieser Region gehört auch der Wald von Strofilia. Lagunen und Bäche durchziehen den Wald aus Pinien, Eichen und Zypressen. Seit 1991 bemüht sich das Lokale Entwicklungszentrum (KTADA) darum, das Biotop und den Kulturraum dahinter für einen sanften Tourismus zu erschließen. Die Natur soll für Besucher erfahrbar werden, ohne Schaden zu leiden. Kleine Pensionen und Hotels befinden sich z.B. bei den Dörfern Kato Achaia und Kalogria, Infos unter www.grhotels.gr.

Zum Schutz des Lebensraums von Robben und Meeresschildkröten wurden bei den Nördlichen Sporaden › S. 58 und auf Zakinthos Meeresnationalparks eingerichtet.

■ **Info Stiftung Europäisches Naturerbe**

Konstanzer Str. 22, 78315 Radolfzell, Tel. 0 77 32/9 27 20, www.euronatur.org

Kunst und Kultur

Eine Reise nach Griechenland führt durch viele Epochen. Burgzinnen überragen die Dörfer, Säulenreste sind in alten Gemäuern verarbeitet, eine orientalisch anmutende Melodie erklingt aus dem Radio – einfach und unspektakulär sind Antike und Mittelalter, Türkenzeit und Moderne ineinander verwoben.

Minoisch-mykenische Ära (2600–1100 v. Chr.)

Die Minoer hinterließen auf Kreta prächtige Palastanlagen. Zu einer Zeit, die in Mitteleuropa von einer bescheidenen Lebensweise geprägt war, benutzten die feinen Damen am kretischen Hof bereits Lippenstift. Sie tranken aus bunten Tassen mit Tintenfischdekor, und ihre Königin trug zierliche, aus Gold geformte Bienen als Ohrringe. Noch heute bezaubern die goldenen Bienen in zahlreichen Variationen in den Souvenirläden Iraklions. Die faszinierende minoische Kultur gelangte auf den Peloponnes zu den Erbauern von Mykene und Tiryns, die sich ihre Burgen von kretischen Handwerkern ausstatten ließen.

Geometrische Zeit (1100–700 v. Chr.)

Kreta und Mykene wurden erobert, die nachfolgenden Dorer bevorzugten einen strengeren Stil: Sie verzierten Gebrauchsgegenstände und Vasen mit geometrischen Mustern. Typische, oft umlaufende Dekorformen sind nun Mäander, Dreiecke und die indogermanische Swastika als Sonnensymbol.

Archaische Periode (700–500 v. Chr.)

Antike Boxer: Fresko aus Akrotiri

Die Kultur der Dorer, Ionier und Äolier erhielt in der archaischen Zeit neue Anregungen aus Ägypten und dem mittleren Orient. Die Bildhauer schufen Statuen, deren marmorne Gesichter mit dem sogenannten archaischen Lächeln erhellt wurden. Die Verse von »Ilias« und »Odyssee« erzählen von Göttern und Helden. Die Szenen, die die Tempelgiebel schmücken, zeigen große Momente aus den Mythen. Auch in der Vasenmalerei treten neue Formen auf. Die tonroten Vasen zieren schwarze, später rote Figuren. Die Künstler bevorzugen Szenen aus dem Alltagsleben als Vasenmotive, auch die Jagd und den Kampf mit Schild und Lanze. Daneben werden Heldengeschichten in Vasenbilder umgesetzt. Besonders interessant sind die Vasensammlungen in den Archäologischen Nationalmuseen von Athen und Iraklion.

Klassische Zeit (ca. 500–336 v. Chr.)

In der Klassik war das Leben der Menschen von Krieg und Tod geprägt. Es erscheint geradezu makaber, welch eine Blütezeit die Herstellung von Grabreliefs im 4. Jh. v. Chr. erlebte. Die Bildhauer schufen jedoch mit den Stelen, die die Familien zu Ehren ihrer Toten aufstellten, äußerst wertvolle Kunstwerke.

Die Klassik setzte Maßstäbe für die kommenden Jahrhunderte. In der Bildhauerei gab es bestimmte Regeln, nach denen Götter und Menschen als Idealbilder dargestellt werden sollten. Im 5. Jh. v. Chr. hielt der Bildhauer Polyklet in einem »Kanon« die aus seiner Sicht genauen Proportionen perfekter Schönheit fest. So sollten z. B. die Schultern nicht breiter als die zweifache Kopflänge und der gesamte Körper nicht höher als die siebenfache Kopflänge sein.

Der berühmte Phidias formte aus Gold und Elfenbein die Zeusstatue von Olympia › S. 90 und das Standbild der Göttin Athene auf der Akropolis in Athen › S. 44. Phidias zeichnete auch verantwortlich für die Schmuckfriese des Parthenon, der als Musterbeispiel eines klassischen Tempels auf der Akropolis entstand. Es war für das Stilempfinden der Philhellenen in der Neuzeit schockierend, als sie erfuhren, dass diese Schätze aus weißem Marmor in der Klassik bonbonbunt bemalt waren.

Hellenismus (336–146 v. Chr.)

Der hellenistische Stil behielt diese Farbenpracht bei. Doch war die Architektur nicht mehr allein den Weihestätten vorbehalten. Architekten entwarfen Pläne für Markthallen, Bäder und Privathäuser – zu sehen z.B. auf der Agora in Athen › S. 43. Die Bildhauer entwickelten den klassischen Stil weiter. Anstelle unnahbarer Götter- und Menschengestalten meißelten sie nun viel natürlicher wirkende Statuen aus großen Marmorblöcken heraus. Götter und Menschen bildeten sie auch in Momenten der Niederlage ab. Ebenso kamen heitere Motive in den Blick der Künstler. Im Archäologischen Nationalmuseum von Athen ist ein besonders geglücktes Werk hellenistischer Plastik zu sehen: Die Gruppe »Aphrodite, Eros und Pan« hält eine Verführungsszene in Stein fest.

Römische Zeit (146 v. Chr.–395 n. Chr.)

In der römischen Epoche beeinflussten griechische und römische Kultur einander gegenseitig. Als die Römer Griechenland eroberten, waren sie tief von der vorgefundenen Kultur beeindruckt und begannen, selbst Kunstwerke im späthellenistischen Stil zu schaffen. Um den Bedarf an Statuen in der Hauptstadt ihres Reiches zu decken, kopierten römische Bildhauer auch griechische Originale. Die Duplikate fanden bei der römischen Kundschaft großen Anklang. In der Baukunst hingegen waren die Römer von Beginn an sehr kreativ. Sie verbanden die herkömmliche griechische Bauweise mit dem Rundbogen und dem Gewölbe. Von den römischen Kaisern hatte insbesondere Hadrian (117–138 n. Chr.) großen Gefallen an Athen gefunden. Er ließ einige Bauwerke in der Stadt errichten, darunter die Hadriansbibliothek › S. 43.

Echt gut!

Die besten Museen des Landes

- **Museum für Byzantinische Kultur** in Thessaloniki – von der EU preisgekrönt. › S. 74
- Das **Museum Goulandris** auf Andros zeigt moderne Kunst. › S. 51
- Gebäude zum Schutz der **Königsgräber von Vergina.** Unter einer Kuppel erheben sich die Gräberfassaden, als wären sie unberührt. › S. 70
- **Archäologisches Nationalmuseum Athen** – griechische Antike in höchster Konzentration. › S. 48
- **Akropolismuseum** in Athen – Exponate vom Akropolishügel, u.a. der rekonstruierte Parthenongiebel, in moderner Architektur. › S. 46
- **Benaki Museum Athen** –meisterliche Vorstellung der Kunst von 1453 bis 1922. (www.benaki.gr).
- **Archäologisches Museum Iraklion** – berauschende Einblicke in die Welt der Minoer. › S. 124

»Goldenes Byzanz« (395–1453 n. Chr.)

395 n. Chr. zerfiel das Imperium Romanum in zwei Teile, Griechenland orientierte sich an Ostrom. In die Kirchenarchitektur hielten vieleckige Innenräume

Einzug. Überwölbt waren die Gotteshäuser mit kompliziert verschachtelten Konstruktionen aus Kuppeln und Halbkuppeln. In diesem auffälligen Stil bauen die Griechen bis heute ihre Kirchen. Wichtig wurden Malerei und Mosaikkunst, schöne Beispiele sind in den Kirchen Thessalonikis zu sehen › S. 72. Die farbenfrohen Fresken zeigen die typisch maskenhaften Gesichter mit den orientalischen Augen.

Bei den Mosaiken fällt der goldene Hintergrund auf, vor dem die Körper in würdevoller Haltung dargestellt sind. Auch die Ikonen, die Heiligenbilder der orthodoxen Kirche, sind mit einem goldenen Bildhintergrund versehen. Selbst die Ikonenmaler unserer Zeit fertigen sie noch immer nach byzantinischen Regeln an.

Die Türkenzeit (1453–1830)

Während der 400 Jahre lang andauernden türkischen Besatzung erlebte die griechische Kunst eine ruhige Phase. Die osmanischen Sultane förderten die höfische islamische Kunst, die jedoch fast keine Anbindung an die griechisch-christliche Kultur hatte. Außerdem strebten sie eine Trennung des Lebens der Muslime von dem der als »Ungläubige« bezeichneten Christen an.

Musik im 20. Jahrhundert

Die griechische Volksmusik von heute hat unüberhörbar türkische Klänge. Sänger wie Mikis Theodorakis setzten sie 1967 bis 1974 im Widerstand gegen die Diktatur ein. Der bekannteste griechische Komponist der Gegenwart vertonte unter anderem den »Epitafios«, einen Gedichtzyklus des Schriftstellers Jannis Ritsos. Kraft und Trost spenden – diese Funktion hatte schon der Rembetiko › S. 32. Sehr lebendig ist heute die Rock- und Pop-Szene, vor allem in Thessaloniki.

Moderne Literatur

Die Romane von Nikos Kazantzakis (»Alexis Sorbas« u. a.) wurden in viele Sprachen übersetzt. Die Lyriker Odysseas Elytis und Giorgos Seferis, beide Nobelpreisträger für Literatur (1979 bzw. 1963), setzen sich in ihren Gedichten auch mit politischen Themen auseinander.

Buch-Tipp Einen Einstieg in die aktuelle griechische Literatur liefert Petros Markaris mit dem Krimi **Faule Kredite** (Diogenes, 2011).

Film

International konnten sich einige griechische Filmregisseure einen Namen machen: Michalis Kakojannis führte 1964 bei der Verfilmung von »Alexis Sorbas« Regie. Constantin Gavras, der sich Costa-Gavras nennt, ein französischer Filmregisseur griechischer Herkunft, griff mit Werken wie »Z« oder »Vermisst« das Thema der brutalen Gewalt von Diktaturen – wie etwa der Herrschaft der griechischen Obristen – auf. Er

Von Rembetiko bis Sirtaki

Die klagende Musik des **Rembetiko** ist Melodie und Lebensstil zugleich. Sie stammt aus den Elendsvierteln von Athen und Piräus. Dort begannen zu Anfang des 20. Jhs. verarmte, zum Teil in die Kriminalität abgedrängte Menschen, in dunklen, kleinen Lokalen auf Lyra und Bouzouki schwermütige Melodien zu spielen. 1922 brachten die aus Kleinasien vertriebenen Griechen ihren Musikstil ein. Die Musiker wurden *rembetis* genannt – leidende oder nach anderen Interpretationen auch liederliche Menschen. Ihre Musik war der Rembetiko. 1922 brachten die aus Kleinasien vertriebenen Griechen ihre Musik mit in die Elendsviertel. Sie verschmolz nach und nach mit dem Rembetiko der Spelunken. In Piräus entstanden besonders viele Nachtlokale, in denen die Rembetiko-Musiker nächtelang sangen. Die Themen waren die Trauer um die verlorene Heimat und unglückliche Liebesgeschichten. Zeitweise verboten, wurde der Rembetiko nach dem Zweiten Weltkrieg als Bouzouki-Musik salonfähig. Die typische melancholische Tragik ging bei dieser Popularisierung allerdings verloren. Einst Subkultur, wird der Rembetiko heute als Ausdruck eines Lebensgefühls angenommen.

Tanzen gehört zu einem griechischen Fest, sei es ein Namenstag, der wie bei uns der Geburtstag gefeiert wird, oder eine Hochzeit. Nahezu akrobatische Sprünge charakterisieren den **Seimbekiko,** den ein Mann alleine zu temperamentvoller Musik tanzt. Der Film »Alexis Sorbas« machte den **Sirtaki** weltberühmt. Der Tanz war extra für den Film geschaffen worden. Der ursprüngliche **Sirtos** wird als recht komplizierte Schrittfolge im Kreis getanzt. Damit die Schauspieler leicht einen ähnlichen Tanz erlernen konnten, wurde aus dem Sirtos ein einfacheres »Sirtoslein«, auf Griechisch Sirtaki.

wurde 2007 zum zweitenmal zum Präsidenten der Cinémathèque Francaise in Paris gewählt. Bei der Berlinale 2008 leitete er die Jury. Theo Angelopoulos konzentriert sich mehr auf das griechische Kino. Angelopoulos' Film »Die Ewigkeit und ein Tag« erhielt 1998 die Goldene Palme von Cannes. 2005 feierte Tassos Boulmetis auch in deutschen Kinos mit dem Film »Zimt und Koriander« einen großen Erfolg.

Ein Tipp für Cineasten: In Thessaloniki findet alljährlich im September ein Filmfestival statt, auf dem die neuesten griechischen Produktionen vorgestellt werden.

Feste und Veranstaltungen

Festkalender

1. Januar: Am **Neujahrstag** bringt der hl. Vassilis die Weihnachtsgeschenke. Im Kuchen *Vassilopitta* wird beim Backen eine Münze versteckt. Wer das Stück mit der Münze bekommt, dem winkt das Glück.

6. Januar: Zum **Fest der Taufe Christi** segnet der Priester das Meer und wirft ein Kreuz hinein, das von Wagemutigen wieder herausgeholt wird.

Karneval: Sieben Wochen vor Ostern wird, besonders in Patras, mit bunten Umzügen das Ende des Winters gefeiert › S. 89.

25. März: Am ersten von zwei **Nationalfeiertagen** gedenken die Griechen mit großen Paraden der Befreiung von den Türken.

Ostern: Das griechisch-orthodoxe Osterfest wird nach dem Gregorianischen Kalender berechnet (15. April 2012, 5. Mai 2013, 20. April 2014). Ein ganz beson-

Ostern

Ostern ist das höchste Kirchenfest in Griechenland. Schon am Abend des Karfreitags zieht eine Prozession durch das Dorf. Die Gläubigen folgen dem blumengeschmückten *Epitafios*, einem Baldachin, der Grab und Leichentuch Christi symbolisiert. Am Tag darauf beginnen die Festvorbereitungen. Lämmer werden geschlachtet und die *Majiritsa* gekocht, eine Suppe aus Lamminnereien. Gegen elf Uhr abends versammelt sich die Gemeinde in der Kirche, wo Sänger die Osterliturgien vortragen. Kurz vor Mitternacht löscht der Priester das Licht. In die dunkle Kirche kehrt Stille ein, bis vor dem *Altarraum* die Osterkerze aufleuchtet. *Christos anesti* – Christus ist auferstanden – schallt es durch die Kirche. Auf dem überfüllten Kirchenvorplatz wird das Kerzenlicht weitergegeben, und überall knallen ohrenbetäubend die Feuerwerkskörper. Mit den brennenden Kerzen geht man schließlich nach Hause.

deres Erlebnis sind die Osternachtsfeiern › S. 33.

1. Mai: Am **Tag der Arbeit** werden Haustüren und Balkone mit Blumen geschmückt.

Anfang Juni bis Mitte September: **Antikes Theater, Festspiele und Konzerte** unter freiem Himmel finden statt, beispielsweise in Athen und Epidavros › S. 97.

Juli bis Sept.: In Dafni bei Athen kann man beim **Weinfest** griechische Weine aus der Region probieren › S. 51.

15. August: An »Mariä Entschlafung« wird **Kirchweih** gefeiert.

28. Oktober: Zweiter **Nationalfeiertag** (»Ochi-Tag«) zum Gedenken an den Widerstand gegen die italienischen Besatzer im Zweiten Weltkrieg.

25. Dezember: **Weihnachten** ist längst nicht so bedeutend wie etwa Ostern. Die Bescherung ist oft erst an Neujahr. Allerdings gehen immer mehr Familien dazu über, auch an Weihnachten kleinere Geschenke zu verteilen.

Essen und Trinken

Essen unter freiem Himmel, an kleinen Holztischen in engen Gassen, am Hafen oder am Strand – von dieser Atmosphäre lebt die griechische Gastronomie. In die Küche zu gehen und dort auszuwählen, was in Töpfen und Pfannen brutzelt, ist ebenso üblich wie die Sitte, das Essen lauwarm auf den Tisch zu bringen. Griechen meinen, dass sich so der Eigengeschmack der Zutaten in einem Gericht besser entfalten kann.

Vorspeisen

In der Regel kommen sie gemeinsam mit dem Hauptgericht auf den Tisch. Oft heißen sie Salat, auch wenn es sich wie bei *Taramosalata* (Fischrogensalat) oder *Melitsanosalata* (Auberginensalat) um cremige Pasten handelt. Probieren Sie statt *Choriatiki* (Bauernsalat) auch einmal *Chorta*, gekochtes Blattgemüse (kalt, mit Olivenöl und Zitronensaft). In der *Ouzerie* isst man eine Vielzahl von Häppchen *(Mezedes)*. Zu mariniertem Oktopus, gebackenen Muscheln, Käsepastetchen und *Tsatsiki* (Joghurt mit Gurken) wird der Anisschnaps *Ouzo* getrunken.

Aufläufe

Tavernen bieten vor allem pikante Auflaufgerichte an. Dazu gehört *Mousaka*: Hackfleisch, Auberginen und Kartoffeln werden mit einer dicken Bechamelsauce überbacken, Zimt rundet den Geschmack ab. Hinter dem Namen *Juwetzi* verbirgt sich mit Reisnudeln und Gemüse geschmortes Lamm- oder Rindfleisch. *Pastitsio* besteht aus Schichten von Bechamelsauce, Makkaroni und Hackfleisch mit einem Hauch Nelke.

Fisch und Fleisch

Zu einer guten Taverne gehört gegrilltes Fleisch. *Psarotavernes* haben sich auf Fisch spezialisiert. In einer *Psisteria*, einem Grillrestaurant, braten Lammkoteletts und *Souvlaki*-Spießchen über glühender Holzkohle. Sehr gut schmeckt *Bifteki*, ein mit Kreuzkümmel gewürztes und mit Feta gefülltes Hacksteak. Die Spezialität *Kokoretsi*, gegrillte Innereien, ist nicht jedermanns Geschmack.

Mezedes heißen diese Vorspeisen

Getränke

Vom Olymp kommt der tiefrote, samtige *Rapsani* (www.tsantali.de). Grand Reserve heißt der rassige Spitzenrotwein von Boutari. Spiropoulos in Arkadien setzt auf Weine aus kontrolliertem Anbau wie den fruchtigen weißen Mantinia (Tripolis, Tel. 27 96 06 14 00, Führung auf Engl.). Schwer und süß ist der Likörwein Mavrodaphne (17 % Vol.) von Achaia Clauss › S. 90. Landweine oder der geharzte Retsina schmecken offen am besten. Rot heißt *kokino*, weiß *aspro*.

Die griechischen Biermarken Mythos, Golden Lager und Alfa sind preiswerter als ausländische Sorten. Hochprozentiges wird oft selbst gebrannt, besonders der kretische Tresterschnaps *Raki*. Wachsender Beliebtheit erfreut sich der makedonische *Tsipouro*-Schnaps.

Griechischer Kaffee wird traditionell mitsamt dem Kaffeesatz in einer Mokkatasse serviert: *sketo*, ohne Zucker, *metrio*, mittelsüß, und *gliko*, süß. Filterkaffee gibt es kaum, dafür bestellt man *Nescafé* (mit Milch: *me gala*). Der *Frappé* ist ein kalter, aufgeschäumter Instantkaffee.

Echt gut!

Restaurants mit Tradition

- **Kouklis**

Tripodon 14, Athen

Super-Plätzchen mit Terrasse in der Plaka von Athen, man reicht Mezedes auf Tabletts. Probieren Sie viele Sorten! ●● › S. 50

- **Ouzerie Tottis**

An der Platia Aristotelous in **Thessaloniki** ist der Platz zum Sehen und Gesehenwerden. ●● › S. 75

- **1800**

Ia, Santorin

Ein luxuriöses Restaurant mit Stil, griechische Speisen, auch Spezialitäten von Santorin. ●●

- **Aigli**

Korfu-Stadt, Esplanade

An Korfus schickstem Platz ist das beliebte Restaurant schon lange eine Institution. Unter den Arkaden sitzt man schön im Schatten. ●● › S. 136

Unterwegs in Griechenland

Entdecken Sie die einzelnen Reiseregionen – jeweils mit den schönsten Touren, allem Sehens- und Erlebenswertem Hotel-, Restaurant-, Nightlife- und Shoppingtipps

Rund um Athen

Nicht verpassen!

- Lernen Sie auf der Akropolis die Säulen in Frauengestalt am Erechtheion kennen
- Schlendern Sie in Delphi an den Ruinen der Schatzhäuser vorbei hinauf zum antiken Stadion
- Springen Sie an den Küsten des Pilion ins frische Meereswasser
- Schnorcheln Sie im klaren Wasser der Strände von Skiathos
- Probieren Sie die regionale Spezialität: auf Holzkohle gegrillten Oktopus

Zur Orientierung

Die weit gefasste Region um **Athen** ist ein Schatzkästchen: Perlen die antiken Stätten, Juwelen die Inseln. Athens einzigartige Museen verschaffen tiefe Einblicke von der Kykladenkultur bis zur byzantinischen Zeit. Die Stadt ist temperamentvoll und überschäumend. Ihre Gegensätze machen den Charme aus: hier das Chaos im Zentrum, dort die dörflichen Außenviertel.

Der Nabel der Welt war einst **Delphi.** Zeus ließ zwei Adler von beiden Enden der Erde aufsteigen, um den Nabel der Welt zu finden, sie trafen sich hier. Und wer wollte den Nabel der Welt nicht sehen? Die Ruinen des Orakels erstrecken sich malerisch an einem Ausläufer des grünen Parnassos-Gebirges.

Etwas nordöstlich entdecken Sie den waldreichen **Pilion.** In Bergdörfern stehen noch die alten Herrenhäuser; einige werden an Touristen vermietet. Im Frühsommer ist dies eine tolle Region, um die grünen Hänge zu durchstreifen, in den Dörfern zu rasten und sich an den Stränden in die kühlen Wellen zu stürzen.

Mit Stränden der Superlative wartet **Skiathos** auf. Die bildschöne Sporadeninsel hat üppige Kiefernwälder, ein buntes Nachtleben und glasklares Wasser. In den Buchten lässt es sich herrlich tauchen und schnorcheln.

Akropolis: Die berühmten Frauengestalt-Säulen des Erechtheion

Inselhüpfen kann man auch auf den Saronischen Inseln direkt vor Athen. Genießen Sie auf Ägina, Idra und Poros die Ruhe griechischen Insellebens. **Äginas** Aphaiatempel verblüfft Sie mit einer zweistöckigen Säulenkonstruktion. **Idra** ist autofrei glücklich. Malerisch schließlich ist der Blick vom beschaulichen Städtchen **Poros** hinüber zur direkt gegenüberliegenden Küste des Peloponnes. Da möchte man selbst zum Pinsel greifen!

Touren in der Region

Delphi und die Hafenstädte am Golf von Korinth

③ Athen › Osios Loukas › Delphi › Galaxidi › Nafpaktos

Länge: 3 Tage, 310 km
Praktische Hinweise: Die Straßen sind kurvenreich.
Vor dem Besuch des Seefahrermuseums in Galaxidi bitte die aktuelle Öffnungszeit erfragen: Tel. 22 65 04 17 95.

Auf dieser Auto-Tour lernen Sie Höhepunkte griechischer Antike und Seefahrerromantik kennen. Während Ihrer Fahrt von Athen nach Delphi kommen Sie am

3 Delphi und die Hafenstädte am Golf von Korinth Athen › Osios Loukas › Delphi › Galaxidi › Nafpaktos

4 Der Pilion Volos › Makrinitsa › Milopotamos › Milies › Volos

5 Die Saronischen Inseln Athen › Ägina › Poros › Idra › Athen

Kloster *Osios Loukas › S. 54 und seinen Mosaiken vorbei. Vielleicht möchten Sie im kiefernbestandenen Klosterhof auch ein Picknick machen. Bald ist Ihr Etappenziel ***Delphi › S. 52 erreicht. Die Ausgrabungsstätte ist unbeschreiblich harmonisch in die Landschaft eingebettet. Bei der Weiterfahrt blicken Sie ab dem Ort **Chrisso** auf Millionen silbrig grüner Ölbäume vor dem Golf von Itea. Dann schmiegen sich auch schon die Häuser des Dorfes ***Galaxidi** › S. 52 dicht aneinander: Ihr zweites Etappenziel. Beim Bummeln durch die Gassen stößt man auf das Schifffahrtsmuseum, ein Hauch von Seefahrerromantik prägt die beliebte Athener Sommerfrische. Der Golf von Korinth leuchtet blau, die Straße schlängelt sich die Küste entlang zum geschichtsträchtigen ***Nafpaktos** › S. 51. Am Hafen und in den Tavernen an der Uferpromenade vergehen die Abendstunden wie im Flug.

Der Pilion

④ Volos › Makrinitsa › Milopotamos › Milies › Volos

Länge: 3 Tage, 140 km
Praktische Hinweise: Buchen Sie ab Volos einen Mietwagen. Vorsicht: Die Straßen sind stellenweise steil und kurvig.

Die Tour ins waldreiche Pilion-Gebirge beginnt in der Industrie- und Hafenstadt **Volos** › S. 54. Probieren Sie in den Hafenkneipen den lokalen Tresterschnaps *Tsipouro* und dazu eine Auswahl *Mezedes* (Häppchen). Am nächsten Morgen geht es in den ****Pilion** › S. 54. Immer höher schraubt sich die Straße in Haarnadelkurven, passiert Bergdörfer und Gebirgswiesen, bis der Balkon des Pilion erreicht ist: ****Makrinitsa** › S. 57, Naherholungsziel der Hauptstädter und Ihr nächster Übernachtungsort. Über eine kurvenreiche Straße geht es nach **Chania,** Ausgangspunkt für Wanderungen zum höchsten Piliongipfel, dem Pliassidi (1551 m). Am Dorfplatz von **Kissos** steht

Echt gut!

Säulen-Motive

- Das charakteristische Fleckenmuster kennt die Welt: die **Säulen des Tholos** › S. 53 beim Heiligtum der Göttin Athena Pronaia in Delphi.
- Ihre Maße setzten Standards für Perfektion: die Säulen des **Parthenon** › S. 45 auf der Akropolis.
- Sie waren einst bunt geschminkt: die Säulen in Frauengestalt am **Erechtheion** › S. 46 auf der Akropolis.
- Sie sind die Besterhaltenen: die Säulen des **Theseion** › S. 43 auf der griechischen Agora in Athen.
- Hinter ihren Reihen wandelten Philosophen: Unten dorisch, oben ionisch wurden die Säulen der **Attalos-Stoa** › S. 43 auf der griechischen Agora in Athen wieder aufgebaut.
- Sie ragen einsam auf hoher Klippe empor: die Säulen des **Poseidontempels** › S. 50 am Kap Sounion.

Die historische Pilion-Bahn

eine typische Pilion-Kirche, niedrig und breit mit Schieferdach. Hinter dem Dorf führen Stichstraßen zu Strandorten wie **Agios Ioannis** und Badebuchten. Ein Traumstrand ist ***Milopotamos,** den ein Felsentor in zwei Buchten teilt. Man erreicht ihn ab **Tsangarada.** Olivenhaine säumen den Weg durch die Halbinsel nach **Milies.** Die Bürgerhäuser mit dem historischen Bahnhof stehen unter Denkmalschutz. Die Strecke **Milies-Volos können Sie auch mit der nostalgischen Pilion-Bahn zurücklegen** Echt gut! › S. 55. Bei Kala Nera stößt man schließlich wieder auf den Golf.

Die Saronischen Inseln

5 Athen › Ägina › Poros › Idra › Athen

Länge: 6 Tage
Praktische Hinweise: Tragflügelboote (Flying Dolphins) verbinden Piräus mit den Inseln. Fahrplan: www.gtp.gr.

Unkompliziert und abwechslungsreich bereisen Sie im Saronischen Golf ein Stück Griechenland, das sowohl mondän in *****Athen** › S. 43 und **Idra** als auch beschaulich auf den Inseln Poros und ****Ägina** › S. 59 sein kann. Äginas Hauptort ist recht lebhaft, auf der fruchtbaren Insel werden Pistazien angebaut. Ihr Aphaiatempel bietet unerwartete Einblicke in die Architektur der Antike. Die Ruinen der verlassenen Hauptstadt **Paleochora** › S. 59 im Innern der Insel ziehen sich malerisch einen Hügel hinauf. Auf ***Poros** › S. 60 herrscht eine ruhige Atmosphäre, hier kann man sich an kleinen Stränden beim Baden erholen und abends gelassen auf die Meerenge zwischen der Insel und dem Peloponnes blicken. ***Idra** › S. 61 ist eine viel besuchte Insel, im Hafen mit seinen Kapitänshäusern sorgen die Touristen großer Kreuzfahrtschiffe für Betriebsamkeit und bestens gefüllte Boutiquen. Weil es keine Autos auf Idra gibt, können Sie per pedes und per Esel die Klöster der Insel entdecken. Zu den Stränden geht es im Boot.

Wichtige Adressen

Das Büro der EOT in Athen, Areopagitou 18–20 (Nähe Akropolis), Tel. 2103310392, und der Schalter am Flughafen informieren über Attika, Delphi, den Pilion, Skiathos und die Saronischen Inseln.

Unterwegs rund um Athen

1 ***Athen 1

Griechenlands Hauptstadt (mit Piräus 4 Mio. Einw.) ist keine Liebe auf den ersten Blick. In einer lauten, hektischen Kulisse birgt sie jedoch Kulturgüter von Weltrang. Die Infrastruktur wurde mit der Ringstraße um Athen und dem Ausbau der Metro verbessert. Das Zentrum präsentiert sich mit schicken Fußgängerzonen um die Akropolis und in der Ermou, in der exquisite Boutiquen die Flaneure locken.

Monastiraki-Platz A

Günstiger Ausgangspunkt für den Spaziergang zu den großen Attraktionen ist die Metrostation **Monastiraki.** Der quirlige Platz gleich davor ist nach der kleinen byzantinischen Kirche Pantanassa benannt – *monastiraki* heißt »kleines Kloster«. Hier wie in den umliegenden Gässchen ist **jeden Tag Flohmarkt.** Neben der kleinen Basarmoschee sieht man die Reste der **Hadriansbibliothek** B.

**Griechische Agora C

Die griechische Agora war Versammlungsort und Marktplatz der Antike. Händler priesen hier vor 2000 Jahren ihre Waren an, während politische Redner sich ihr Publikum suchten. Die Werkstätten und Büros in der **Attalos-Stoa,** der im 2. Jh. v. Chr. errichteten Säulenhalle, florierten. Die Stoa wurde als Museum für die zahlreichen Fundstücke auf dem Gelände der Agora wieder aufgebaut (Mo 11–15, Di–So 8.30 bis 15 Uhr). Am anderen Ende der weiten Anlage erhebt sich auf einem niedrigen Hügel das **Theseion** D. Dieser klassische Tempel war Hephaistos, dem Gott der Schmiede, geweiht. Er gilt als **der besterhaltene Tempel Griechenlands.** So ragen seine dorischen Säulen seit 450 v. Chr. nahezu unverändert in den Himmel.

Echt gut!

Akropolis: die Propyläen

Römische Agora E

Die Römische Agora liegt nur wenige Schritte von der griechischen entfernt. Der achteckige ***Turm der Winde** F aus dem 1. Jh. v. Chr. an ihrem Ende fällt durch seine heiteren Reliefs ins Auge. Die athenischen Windgötter sind auf den Mauern des einst als Wasseruhr genutzten Gebäudes als bekleidete Personen dargestellt: Nordwind Boreas im Mantel, sein südlicher Kollege Notos im Hemdchen und alle mit Flügeln.

*** Akropolis G

Oberhalb der alten Marktplätze stritt in der Mythologie Athene mit dem Meeresgott Poseidon um die Gunst der Athener Bürger. Poseidon ließ eine Quelle auf der Akropolis entspringen, aber Athene schenkte der Stadt den Olivenbaum, und die Bürger wählten sie daraufhin zur Schutzpatronin. Stellvertretend für jenen Ölbaum, den die Göttin einst pflanzte, wird auf dem Burgberg ein Olivenbäumchen neben dem Erechtheion gehegt. Das monumentale Eingangstor heißt **Propyläen**. Die heutigen Bauten ent-

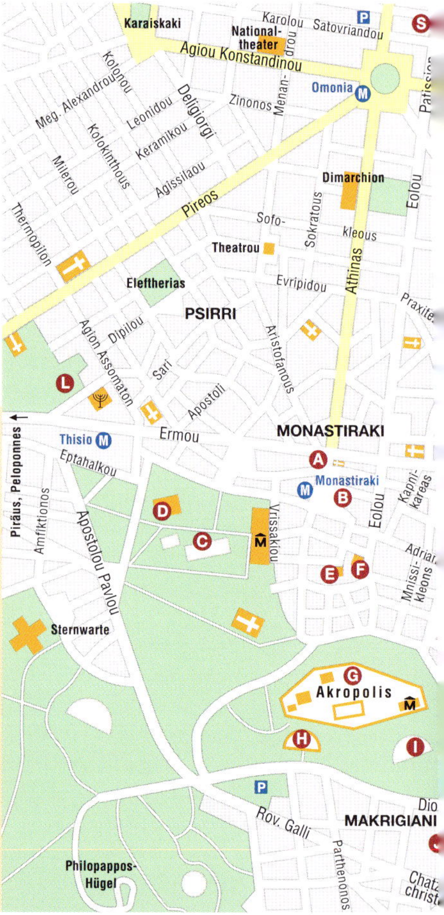

- A Monastiraki-Platz
- B Hadriansbibliothek
- C Griechische Agora
- D Theseion
- E Römische Agora
- F Turm der Winde
- G Akropolis
- H Odeion des Herodes Attikus
- I Dionysostheater
- J Akropolismuseum
- K Lysikrates-Monument
- L Kerameikos
- M Sintagma
- N Parlamentsgebäude
- O Panathenäisches Stadion
- P Kolonaki
- Q Museum für Kykladische Kunst
- R Likavitos
- S Archäologisches Nationalmuseum

Karte Seite 44

standen allesamt unter Perikles, nachdem die Perser 480 v. Chr. die alten zerstört hatten.

Info

Akropolis tgl. 8–20, im Winter 8.30 bis 15 Uhr. Die Eintrittskarte gilt auch für Griechische Agora und Museum, Kerameikos und Museum, Olympion, Römische Agora, Nord- und Südhang der Akropolis.

Parthenon

Die Architektur **des gewaltigen Parthenontempels,** 447–438 v. Chr. unter der künstlerischen Leitung des Phidias errichtet, ist erstaunlich: Fast alle Linien dieses Athenetempels sind leicht gekrümmt, sodass die Konturen leichter erscheinen und sich keine perspektivischen Verzerrungen ergeben. Beim Kampf der Venezi-

Echt gut!

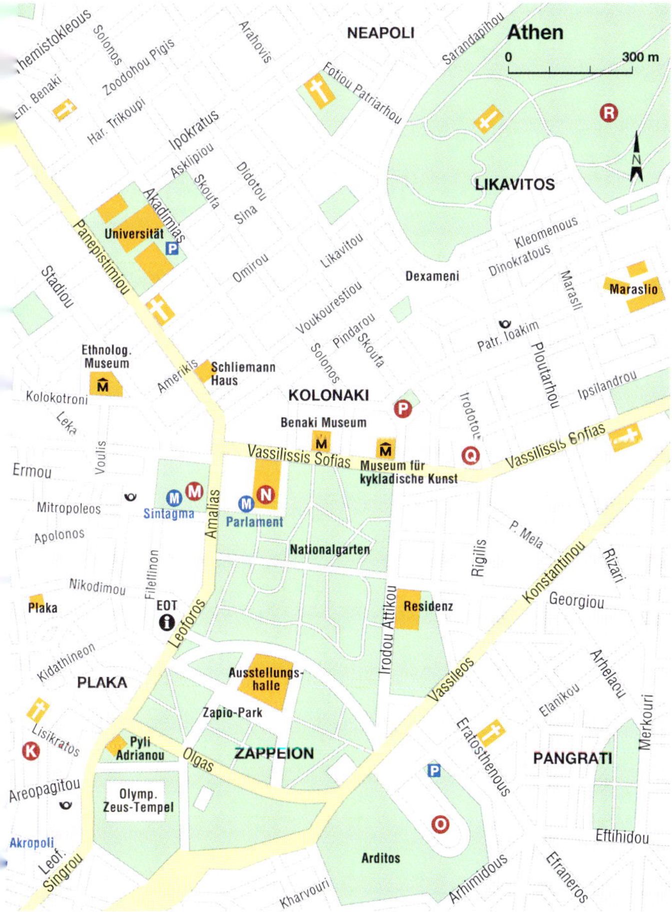

aner gegen die Türken erlitt der Tempel im 17. Jh. schwere Schäden. Im 19. Jh. wurden große Teile des inneren und äußeren Schmuckfrieses ins British Museum nach London verschleppt. Die griechische Regierung fordert sie bislang vergeblich zurück.

Erechtheion

Das Erechtheion (421–406 v. Chr.) wirkt neben dem Parthenon mit seinen vielen Gebäudeteilen etwas unausgewogen. Echt gut! **Bekannt ist die Korenhalle,** deren Dach von Säulen in Gestalt junger Mädchen gestützt wird, den sogenannten Karyatiden (Foto S. 38). Es handelt sich um Kopien, die Originale sind im **Akropolismuseum** › S. 46. Die aggressive Athener Luft würde die Marmororiginale draußen bald zu Gips zersetzt haben. Während ihrer 400-jährigen Besatzung unterhielten die Türken im Erechtheion einen Harem.

Unterhalb der Akropolis

Unterhalb des Hügels liegen zwei Theater. Im großen **Odeion des Herodes Attikus** H sitzen in den Sommernächten bis zu 3000 Zuschauer auf steinernen Sitzreihen, Echt gut! um die **Festspiele vor der Kulisse der Bühnenmauer** (2. Jh.) zu verfolgen (Festspielkasse für Karten: Panepistimiou 39, Passage, Tel. 21 09 28 29 00, www.greekfestival.gr). Das stark zerstörte **Dionysostheater** I gilt als das erste Theater Europas. Zum Eingang gelangt man über die Dionissiou Areopagitou, die unmittelbar am Theaterbezirk vorbeiführt.

Akropolismuseum J

Die großartigen Ausstellungsstücke, u.a. die rekonstruierten Giebel des Parthenontempels, werden in dem neuen Akropolismuseum an der Metrostation Akropoli gezeigt. Das auch architektonisch spektakuläre Museum lohnt einen Besuch (Di–So 8–20 Uhr, www.theacropolismuseum.gr).

Plaka

Auf dem Weg vom Dionysostheater in die Altstadt Athens, die **Plaka,** gelangt man zum **Lysikrates-Monument** K.

Der Rundbau trug ehemals einen bronzenen Dreifuß, den ein gewisser Lysikrates um 335 v. Chr. mit seinem Chor als Preis bei den Dionysischen Festspielen gewonnen hatte. Den Platz um das marmorne Monument säumen zahlreiche Cafés. Cafés, Tavernen und Juweliere reihen sich auch in der **Adrianou,** einer typischen Plaka-Straße, aneinander: Die Läden quellen über von Souvenirs, aus den Fenstern schallt Bouzouki-

Kerameikos L

Am Ende der Ermou-Straße liegt der antike Athener Friedhof. Die Grabmäler im Gelände sind oft nur Kopien, die Originale sind im Kerameikosmuseum. 2002 machte das Deutsche Archäologische Institut dort einen sensationellen Fund: einen sehr gut erhaltenen Kouros (männl. Statue, ca. 600 v. Chr.). Er wird im Museum präsentiert (tgl. 8.30–15 Uhr.)

Blick über die Plaka auf den Likavitos

Musik, und zwischen ziegelgedeckten Häusern drängen sich die Touristen.

*Sintagma M

Im Dreieck Omonia–Sintagma–Monastiraki kann man Athen am besten zu Fuß kennenlernen; Autofahrer müssen mit Staus rechnen. Am Sintagma stehen Cafétische neben Zitrusbäumchen, Kinder spielen am Brunnen. Eine Oase inmitten des Verkehrs.

*Parlamentsgebäude N

An der Nordseite des Sintagma-Platzes steht das klassizistische Parlamentsgebäude, ursprünglich das Königsschloss. Erbaut wurde es 1842 von Friedrich von Gärtner. Es wird von Evzonen bewacht. Die Wachsoldaten paradieren im kurzen Faltenrock. Wachablösung ist zu jeder vollen Stunde, sonntags und feiertags um 11 Uhr mit Parade. Erholung im Grünen bietet der riesige Nationalgarten, der sich hinter dem Parlament bis zum Zappion, einem wichtigen Kultur- und Ausstellungszentrum Athens, erstreckt.

Panathenäisches Stadion O

Im alten Olympiastadion, Kalimarmaro oder Panathinaikon genannt, fanden 1896 die ersten Olympischen Spiele der Neuzeit statt. 2004 bildete es den Rahmen für den Ziellauf im Marathon. Das neue Olympiastadion (OAKA) mit dem Glasdach des Architekten Calatrava liegt im Stadtteil Marousi (Metro 1).

*Kolonaki P

Kolonaki heißt ein vornehmes Athener Viertel und sein zentraler Platz. Die Cafés sind exklusiver, die Boutiquen führen luxuriöse Mode und die Preise liegen höher als irgendwo sonst in der Hauptstadt. In der Neofitou Douka 4 (Seitenstraße der Vassilissis Sofias) liegt das **Museum für Kykla-**

Echt gut!

dische Kunst Ⓠ. Die Sammlung enthält einzigartige Gefäße und Idole der frühen Kykladenkultur aus dem 3. Jt. v. Chr. (Mo, Mi, Fr, Sa 10–17, Do 10–20, So 11 bis 17 Uhr, www.cycladic.gr).

*Likavitos Ⓡ

Der Likavitos-Hügel wird von der weißen Kapelle Agios Georgios bekrönt. Echt gut! **Die Aussicht über ganz Athen ist besonders bei Nacht fantastisch.**

***Archäologisches Nationalmuseum Ⓢ

Das Museum ist mit seiner Sammlung von Kunstwerken aus den verschiedenen Echt gut! **Stilepochen der griechischen Antike einzigartig in der Welt** (an der Kasse gibt es einen Plan des Museums). Beeindruckend sind die frei stehenden Bronzestatuen wie die des Poseidon von Artemision, der mit seiner weit ausholenden Armhaltung den Saal beherrscht. Auf keinen Fall versäumen sollte man den Mykenesaal im Erdgeschoss, die Prehistoric Collection: Die goldene Totenmaske nebst den goldenen Bechern und dem aufwendig gearbeiteten Diadem hat Heinrich Schliemann entdeckt. Herausragend sind die Fresken aus Akrotiri auf Santorin, die sich im ersten Stock befinden.

Info

Patission 44, Mo 13–20, Di–So 8 bis 15 Uhr, Tel. 21 08 21 77 24, www.namuseum.gr; Metro Omonia, Bus 224 und 226.

Piräus

Die Metro 1 endet am Hafen von Piräus, wo Fähren, Kähne und Kreuzfahrtschiffe ankern. Am ***Mikrolimano,** dem alten Fischerhafen von Piräus, gibt es zahlreiche Fischtavernen und schicke Jachten zu bewundern.

Das **Archäologische Museum Piräus** präsentiert u.a. das 8 Me-

Athen – eine Stadt im besten Alter

Bereits 1500 v. Chr. gab es auf der Akropolis eine Burg. Im 7. Jh. v. Chr. wurde der König entmachtet, die Adeligen übernahmen die Herrschaft. Solon beteiligte im 6. Jh. v. Chr. auch die Bevölkerung an der Rechtsprechung. Ihre Blütezeit erlebte die Stadt unter Perikles. Im »Goldenen Zeitalter« wirkten hier der Philosoph Sokrates und der Tragödienautor Sophokles. Wenige Jahre nach Perikles' Tod (429 v. Chr.) begann der politische Niedergang. Die führende Rolle im Geistesleben behielt Athen aber bei, auch zur römischen Zeit. Erst unter Byzanz verlor es an Bedeutung. Die Philosophenschule wurde geschlossen, der Parthenon im 6. Jh. zur Kirche umfunktioniert. Nach der Eroberung Griechenlands verwandelten ihn die Türken im 15. Jh. in eine Moschee, im Propyläengebäude auf der Akropolis wohnte der türkische Kommandant. Athen wurde dörflicher, der Name in Setines geändert. Zu neuem Glanz kam es 1834, als König Otto I. Athen zur Hauptstadt erklärte.

Karte Seite 44

ter hohe Grabmal eines Getreidehändlers (4. Jh. v. Chr.), einen **steinernen Marktkatalog** mit den Fleischpreisen des 1. Jhs. v. Chr. und Bronzestatuen (Charilaou Trikoupi 31, Tel. 21 04 52 15 98, tgl. 8.30–15 Uhr).

Info

EOT-Infoschalter

in der Areopagitou 18–20 (Nähe Akropolis), Tel. 21 03 31 03 92, und am Flughafen, www.visitgreece.gr

Verkehr

■ **Flughafen:** Der Flughafen Eleftherios Venizelos liegt 27 km östlich der Stadt (www.aia.gr). Express-Busse fahren rund um die Uhr in die City (Sintagmaplatz, Monastiraki) und nach Piräus, die U-Bahn direkt vom Flughafen ins Zentrum.

Aegean Airlines, Tel. 21 06 26 10 00, deutsche Internetseite: http://de.aegeanair.com

■ **Bahnverbindungen:** Vom Larissa-Bahnhof fahren die Züge nach Norden ab. Vom Peloponnes-Bahnhof starten die Züge zur Halbinsel. Beide Bahnhöfe sind mit der Metro-Linie 2 erreichbar.

■ **Busbahnhöfe:** Es gibt zwei: **Kifissou 100,** dort fahren Busse zum Peloponnes und nach Thessaloniki ab (Tel. 21 05 12 49 10; erreichbar mit Bus Nr. 51 von der Ecke Zinonos/Meandrou, nahe Omonia); **Liossion 260,** ab dort starten die Busse nach Delphi, Meteora, Volos (Tel. 21 08 31 71 09; blauer Zubringerbus Nr. 24 ab Panepistimiou, vor Nationalbibliothek).

■ **Schiffsverbindungen:** Von Piräus und Rafina zu den Inseln, Tickets sind im Reisebüro oder auf den Fähren erhältlich.

Likavitos, Athen

■ **Metro Linie 1:** Piräus–Kifissia im Norden; **Linie 2:** Agios Antonios–Agios Dimitrios; **Linie 3:** Egaleo–Flughafen, www.ametro.gr; **S-Bahn** in die Vororte, www.oasa.gr

Hotels

■ **Fresh**

Sophokleous & Klisthenous 26
10552 Athen][Tel. 21 05 24 85 11
www.freshhotel.gr

Mal etwas ganz anderes – mit schrillen Farben, avantgardistischem Luxus, Hamam und Pool. 500 m nördl. von Monastiraki, nahe Markt/Psirri. ●●●

■ **Phidias**

Apostolou Pavlou 33][11851 Athen
Tel. 21 03 45 95 11][www.phidias.gr

Das Highlight ist der fantastische Blick auf die nur 100 m entfernte Akropolis. Einfache Zimmer mit Klimaanlage. In Thissio. ●●

■ **Byron**

Vironos 19][10558 Athen
Tel. 21 03 23 03 27
www.hotel-byron.gr

Ordentliche Zimmer mit Blick auf die Akropolis, in der Plaka. ●●

Restaurants

■ **Filoistron**

Apostolou Pavlou 23

Tel. 21 03 42 28 97

Schicke Ouzerie mit Dachterrasse und Blick auf die Akropolis, gute Mezedes, Tintenfisch, diverse Käsesorten. Im Viertel Thissio. ●

■ **Kouklis**

Tripodon 14][Tel. 21 03 24 76 05

Echt gut! **Reichliche und vielfältige Vorspeisen,** in der Plaka, Rotwein vom Fass. ●●

■ **Katsourbos**

Aminta 2][Tel. 21 07 22 21 67

Klein und gemütlich, kretische Küche, z.B. Fleischpastete. ●●

Shopping

■ In der **Ermou-Straße** reiht sich eine Boutique an die andere. Die gängigen Mode-Labels sind ebenso vertreten wie griechische Marken.

■ **Zentrum für Volkskunst**

Pandrossou 36

Traditionelle Keramik und Holzmalereien in der Plaka. Im Café **I Orea Ellas,** »das schöne Hellas«, im ersten Stock über dem ruhigen Innenhof kann man sich nach dem Souvenireinkauf beim Kaffee ausruhen.

Tagesausflüge

Alle Straßen führen nach Athen – bei einem eintägigen Ausflug können Sie viel von Griechenland sehen. Verschiedene Reiseagenturen bieten die Saronischen Inseln, Delphi oder auch Nafplion an. Selbst organisiert fahren Sie recht günstig mit den Bussen von KTEL (Informationen auf der Internetseite www.breathtakingathens.com).

Nightlife

Das Ausgehviertel ist **Psirri** (nördl. der Ermou zwischen den Metrostationen Monastiraki und Thissio) mit vielen Kneipen und Bars.

■ **Guru-Bar**

Pl. Theatrou 10

Oben Live-Jazz, Bar, unten Thai-Küche.

■ **Perivoli tou Ouranou**

Lisikratos 19

Rembetiko und Bouzouki live.

■ **Briki**

Pl. Mavili

Dank preiswerter Cocktails und guter Musik ist hier meist die Hölle los.

Ausflüge ab Athen

Zum **Kap Sounion

Oben der Himmel, unten das Meer und dazwischen nur Tempelsäulen. Kap Sounion liegt 60 km südlich von Athen an der Südspitze Attikas. Auf dem steilen Felsen thront der berühmte Tempel, der Poseidon gewidmet war. Unvergesslich abends, wenn **die Sonne hinter den hohen, dorischen Säulen rotglühend ins Meer versinkt** (tgl. 10 Uhr bis Sonnenuntergang, ca. 2 Std. mit KTEL-Bussen ab Areos-Park). Echt gut

Nach *Andros

Einmal aus dem Athener Häusermeer ausbrechen und ordentlich Seeluft schnuppern? Die nördlichste Kykladeninsel Andros ist leicht zu erreichen. Sie fahren mit dem Bus ab Athen-Mavromateon zum Hafenort Rafina (30 km) und dann per Fähre auf die Insel.

Im Hauptort **Chora** (bzw. Andros) präsentiert das **Archäologische Museum** Fundstücke aus diversen Epochen. Das **Goulandris Museum für Zeitgenössische Kunst** zeigt internationale, herausragende Ausstellungen (84500 Andros, Tel. 22 82 02 24 44, www.moca-andros.gr, im Sommer Mi bis Mo 10–14 Uhr).

Außer am Wochenende fährt täglich gegen 16 Uhr ein Schiff zurück nach Rafina (www.openseas.gr).

***Dafni 2

Das Kloster von Dafni gehört mit Osios Loukas und Nea Moni auf Chios › S. 116 zu den bedeutendsten Zeugen mittelbyzantinischer Kunst. Die Kreuzkuppelkirche ist mit großartigen Mosaiken verziert. Von der großen Hauptkuppel blickt Christus als Weltenherrscher auf den Betrachter. Das Kloster wurde 1080 wohl an Stelle eines antiken Heiligtums, das dem Gott Apollon geweiht war, errichtet. Dessen heilige Pflanze war der Lorbeer, griechisch *dafni*. Dafni ist UNESCO-Welterbe (tgl. 8 bis 20 Uhr).

*Nafpaktos 3

Den idyllischen Hafen legten die Venezianer im 15. Jh. an. Seine Mauer aus Natursteinen und Resten antiker Gebäude ist zinnenbewehrt. Solche Mauern ziehen sich auch hinauf zur über dem Ort thronenden Festung. Berühmt wurde der Ort durch die Seeschlacht von Lepanto, wie die Venezianer Nafpaktos nannten. Die christlich-europäische Seestreitkraft besiegte 1571 die Osmanen. An diese kriegerischen Zeiten erinnert das Grabmal des Unbekannten Soldaten an der Platia hinter dem Hafen. Am Abend herrscht dort sowie am Hafen reges Treiben in den zahlreichen Tavernen und Cafés.

Verkehr

Busverbindung: nach Patras, Itea, Delphi

Hotels

■ **Nafpaktos**
30300 Nafpaktos
Tel. 26 34 02 95 51
www.hotelnafpaktos.gr
Nobles Haus mit modern ausgestatteten Zimmern und luftiger Lobby. Direkt am Gribovo-Strand gelegen. Blick auf Meer und Rio-Andirio-Brücke, Frühstücksbuffet. ●●

■ **Akti**
30300 Nafpaktos
Tel. 26 34 02 84 64
www.akti.gr
Gegenüber von Nafpaktos. 55 komfortable Zimmer, teils mit Meerblick, sowie elegant ausgestattete Suiten, guter Mix aus antiken und modernen Stilelementen. ●●●

Restaurants

Mehrere Tavernen finden Sie entlang der Uferpromenade.

*Galaxidi 4

Die ziegelgedeckten Häuser von Galaxidi drängen sich dicht an dicht auf einer Halbzunge des Golfes von Korinth. Oberhalb des Fischerhafens versteckt sich in der Odos Museio (Richtung Port Police) ein beachtliches **Seefahrermuseum** mit Galionsfiguren, alten Seekarten, Navigationsinstrumenten und Amphoren (unregelmäßige Öffnungszeiten, Tel. 22 65 04 17 95).

Hotel

Villa Olympia
Tel. 22 65 04 11 74
www.ellada.net/villa_olympia
Architektonisch ansprechende Villa (1,2 km außerhalb von Galaxidi) mit großen Zimmern, Garten und Pool. ●●

2 ***Delphi 5

An den Hängen des knapp 2500 m hohen Parnassos liegen die Ausgrabungen, nach denen auch der nahe Touristenort benannt ist. Echt gut! Delphi ist **die bedeutendste Orakelstätte der Antike.** Planen Sie einen ganzen dafür Tag ein.

Das **Apollonheiligtum** a wird von steilen Felsrängen eingerahmt. Vom Eingang zieht sich die **Heilige Straße** b den Bezirk hinauf. Unterwegs kommen Sie an den Schatzhäusern vorbei, in denen die kostbaren Weihegaben der griechischen Stadtstaaten aufbewahrt wurden. Als Dank für das richtige Orakel wurden Apollon Geschenke dargebracht.

Das **Schatzhaus der Athener** c wurde vollständig rekonstruiert. Bedeutendster Ort des Heiligtums ist jedoch der **Apollontempel** d. Zwischen den Säulen saß einst Pythia und verkündete ihre berühmten Orakelsprüche › S. 53. Im Inneren befand sich der Nabelstein »Omphalos«. Am **Theater** e vorbei geht es hinauf zum **Stadion** f. Hier fällt der Blick auf die überwältigende Naturkulisse. Im Theater sowie im Stadion fanden die Pythischen Spiele mit Theateraufführungen und sportlichen Wettkämpfen statt. Die Römer hatten dabei unter Androhung einer Geldbuße das Mitbringen von Wein verboten, wie eine Inschrift beweist (April–Ende Oktober täglich 8 bis

- a Apollonheiligtum
- b Heilige Straße
- c Schatzhaus der Athener
- d Apollontempel
- e Theater
- f Stadion
- g Heiligtum der Göttin Athena Pronaia
- h Tholos
- i Museum

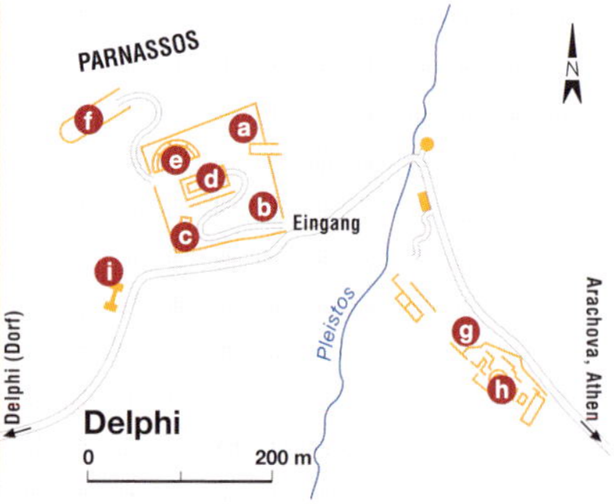

Das antike Theater von Delphi besitzt eine einmalige Naturkulisse

19.30 Uhr, sonst tgl. 8.30–15 Uhr, Tel. 22 65 08 23 12).

Unterhalb der Straße liegt das **Heiligtum der Athena Pronaia** g, die als Tempelwächterin verehrt wurde. Ins Auge fällt **Delphis Postkartenmotiv** – die drei Säulen des **Tholos** h. Das ***__Museum__ l ist eines der bedeutendsten Griechenlands. Zu den Funden aus dem Heiligen Bezirk gehört eine Kopie des »Omphalos«. Prunkstück ist der fein gearbeitete bronzene Wagenlenker (474 v. Chr.) mit Augen aus farbigem Stein und mit zarten Wimpern, mit einer fein modellierten Hand sowie vollen, lächelnden Lippen (April bis Ende Okt. Mo 12 bis 18.30 Uhr, Di–So 8–19.30 Uhr).

Verkehr

Busverbindung: Itea, Amfissa, Arachova, Athen

Hotels

■ Acropole Hotel
Filellinon 13][33054 Delphi
Tel. 22 65 08 26 75
www.delphi.com.gr/acropole

Rätsel um das Orakel

Orakelt wurde am Parnassos schon im 2. Jt. v. Chr. Erst hatte die Erdgöttin Gaia, die vom Drachen Python bewacht wurde, das Sagen. Lichtgott Apollon, der als Delphin über das Meer kam (daher der Name Delphi), bereitete dem dunklen Erdspuk ein Ende. Er tötete den Python, nach dem die Riesenschlangenart benannt ist, und gab fortan in Delphi den Ton an. Sowohl Politiker als auch Privatleute holten sich bei Apollon Rat. Diesen verkündete er, wie einst Gaia, durch den Mund der ältlichen Jungfrau Pythia. Durch das Einatmen von Dämpfen berauscht, die angeblich aus einer Erdspalte strömten, stammelte sie Unverständliches, was Priester in rätselhafte Prophezeiungen übersetzten. Das Orakel, das seine Blütezeit im 7. und 6. Jh. v. Chr. erlebte, behielt aufgrund seiner zweideutigen Antworten immer Recht.

Zimmer mit rustikalen Möbeln, vom Balkon spektakuläre Aussicht auf den Golf von Itea. ●●●

■ Kouros

Pavlou Kai Friderikis 23
33054 Delphi][Tel. 22 65 08 24 73
www.kouroshotel.gr

10 gepflegte Zimmer mit Klimaanlage, vom Dachgarten aus schöner Blick. Liegt in der Nähe der Ausgrabungsterrains. ●

Ausflug nach Arachova 6

Von Delphi windet sich eine Straße knapp 10 km bis zum Wintersportort Arachova hinauf. In dem ruhigen Ort werden handgewebte Teppiche und Webwaren als traditionelle Produkte der Region zum Verkauf angeboten. Der örtliche Rotwein wird als *krasi mavro* von Griechen sehr geschätzt. Von der Dorfkirche Agios Georgios schweift der Blick hinunter zum Golf von Korinth.

*Osios Loukas 7

Am Westhang des Helikon wurde ab dem 10. Jh. das Kloster Osios Loukas im byzantinischen Stil errichtet. Die ausgewogenen Proportionen, das reich geschmückte Mauerwerk und die Lage lohnen allein einen Besuch der Hauptkirche. Berühmt ist sie für ihre farbigen Mosaike auf goldenem Grund aus dem 11. Jh. Im gepflasterten Hof wachsen hohe Kiefern, die Luft ist von ihrem Harzduft erfüllt – der rechte Ort für ein Picknick (Sommer 8–14, 16–18 Uhr).

Volos 8

Die Tour ins waldreiche Pilion-Gebirge beginnt in der Industrie- und Hafenstadt Volos. In ihrem Archäologischen Museum gibt es eine echte Besonderheit: Die umfassende Sammlung von Grabstelen erlaubt seltene Einblicke in den Bestattungskult der griechischen Antike. Einen interessanten Blick auf die Stadt von heute kann man vom Hafen aus werfen, wo sich an der Promenade die Cafés und Restaurants aneinanderreihen. Probieren Sie in den Hafenkneipen den lokalen Tresterschnaps *Tsipouro* und dazu eine Auswahl *Mezedes* (Häppchen).

Hotel

Volos Palace

Tel. 24 21 07 65 01
Od. Xenofontos & Thrakon
www.volospalace.gr

Schickes Hotel in Hafennähe. ●●●

Restaurant

Papadis

Argonafton 6
Tel. 24 21 02 93 60

Eines der ältesten Tsipouradika. ●●

Der **Pilion

Der Pilion ragt südlich von Volos wie eine sichelförmige Halbinsel in die Ägäis. Dichte Eichen-, Walnuss- und Buchenwälder sowie Dörfer mit traditionellen Herrenhäusern zeichnen die Region aus. In der Antike galt sie als Heimat der Kentauren – mythologischer Wesen, halb Mensch, halb Pferd.

Special

Mit Volldampf in die Berge

Schmalspurbahnen in Griechenland lassen nicht nur die Herzen von Eisenbahnfans schneller schlagen. Auf rund 900 km Strecke verblüffen uralte Dampflokomotiven die Reisenden, lernt man Bahnhöfe in entlegenen Dörfern kennen und hat Muße, durch die Waggonfenster die zypressenbewachsenen Hänge des Peloponnes oder die Mischwälder des Pilion zu betrachten.

Der kleine Schwarze

»Der kleine Schwarze« oder auch *to trenaki*, das Züglein, nennen die Bewohner des Pilion › S. 54 die Dampfeisenbahn, die von **Volos** nach **Milies** fährt. Das *trenaki* fährt im Juli und August täglich von **Volos** hinauf nach Milies, das für seine saftigen Äpfel und den restaurierten Bahnhof bekannt ist. Die Lokomotive schnauft die Berge hoch, tutet durchdringend und lässt jede Menge Dampf ab. Die Touristen genießen die Aussicht über die grünen Berghänge hinunter zu den Buchten des Golfs von Volos.

Früher war die Bahn ein wichtiges Transportmittel für die Güter, die von Milies auf die Märkte kommen sollten. Heute ist sie ein nostalgischer Spaß für Touristen: Ihre Spurweite beträgt 600 mm, die Feststellbremse wird noch von Hand bedient und die Lokomotive mit Muskelkraft auf der Drehscheibe in Milies gewendet.

Mit der Zahnradbahn nach Kalavrita

Seit 1869 fährt die Zahnradbahn vom Küstendorf **Diakofto** durch die Schlucht des Flusses Vouraikos hinauf nach **Kalavrita** auf dem Peloponnes › S. 94. Sie ist eine der wenigen in Europa, deren Spurweite 750 mm beträgt. Die Schienen wurden in Deutschland gefertigt, der Triebwagen in Frankreich. An Gärten vorbei rattert die Bahn in die immer enger werdende Schlucht. Die Felsen ragen steil auf, im Frühjahr blüht gelber Ginster. An den steilen Abschnitten hakt sich bei Schrittgeschwindigkeit der gleichzeitig mitlaufende Zahnradantrieb ein. Die Zahnradstrecke ist ca. 3,6 km lang, die Steigungen betragen bis zu 17 %. Der Vouraikos wird auf Brücken überquert, braune Felsen hängen dicht über der Bahn. Dann erreicht sie die Hochebene von Kalavrita; hier läuft sie zur Höchstgeschwindigkeit von 35 bis 40 km/h auf.

Kalavrita ist vor allem wegen des grauenvollen Massakers bekannt, das von Deutschen im Zweiten Weltkrieg begangen wurde. Rund 1200 Menschen, darunter Kinder und Greise, fielen den Nazi-Truppen zum Opfer. Sehr viele Griechen kommen aber, um das nahe gelegene Kloster Agia Lavra zu sehen, wo Erzbischof Germanos 1821 den Beginn des Unabhängigkeitskampfes gegen die Türken ausrief.

! Die Zahnradbahn ist bei Touristen und Schulklassen, die einen Ausflug nach Agia Lavra unternehmen, beliebt. Man sollte die Tickets rechtzeitig kaufen und nach der aktuellen Abfahrtszeit für die Rückfahrt fragen. In der 1. Klasse ist die Aussicht besser.

EOT Patras
Filopimenos 26, 26221 Patras
Tel. 26 10 62 03 53
pyt_patras@gnto.gr

Klosterbesuch

Die nostalgische Zahnradbahn Volos–Milies macht eine Pause in Zalorou/Mega Spileo. Vom Bahnhof unter mächtigen Platanen führt ein Pilgerpfad zum 400 m höher gelegenen Kloster **Mega Spileo.** Die 1½ Wegstunden lohnen sich: Das Kloster ist unmittelbar an die jähe Felswand des Berges Helmos gebaut. Es birgt eine aus Wachs und Mastix gefertigte Ikone des Evangelisten Lukas. Auf Wunsch zeigen die Mönche das schwarze Kunstwerk (Frauen sollten Schultern und Beine bedeckt haben).

Info

EOT Volos und Pilion
Pl. Riga Fereou, 38334 Volos
Tel. 24 21 02 35 00

Hotels

Traditionelle Pilion-Häuser (●●–●●●) findet man u.a. bei

- Around Pelion
www.aroundpelion.gr
- TDS
Müllerstr. 47, 80469 München
Tel. 0 89/2 60 94 18, www.tdsreisen.de

**Makrinitsa 9

Wo einst Asklepios, der Gott der Heilkünste, seine Kräuter suchte, finden heute Athener Erholung. 750 m über der Bucht von Volos zieht sich Makrinitsa den Steilhang hinauf. Die typischen Pilion-Häuser in den Gässchen zeugen vom Reichtum der Bewohner, die ihr Geld einst mit Seidenherstellung verdienten. Über den beiden ersten Stockwerken aus Naturstein ragt das Dachgeschoss wie ein Erker hervor. Fensterläden und -rahmen aus dunklem Holz heben sich von dem weißen Putz mit wappenähnlichen Ornamenten ab. Die Hauptgasse führt zum Dorfplatz mit weitem Blick auf die Bucht. Hinter der Agios-Ioannis-Kapelle ist in einer alten Ouzerie ein verblasstes Wandgemälde des naiven Malers Theofilos (1866–1936) zu erkennen.

Hotel

Archontiko Theodora
37011 Makrinitsa/Pilion
Tel. 24 28 09 91 79
www.theodora-pelion.com

Hübsches Archontiko mit 8 Zimmern, **romantisch mit Himmelbetten** eingerichtet. Frühstück auf der Dachterrasse, Blick über den Golf. ●

Restaurant

In der Taverne an der Platia werden *Fasolada* (Bohnensuppe) und *Spensofai* (Paprikagemüse mit Wurst) geboten. ●

**Skiathos 10

Die Insel Skiathos, 48 km², verdankt ihren Namen den üppigen Kiefernwäldern; *skiathos* bedeutet schattig. Der Bekanntheitsgrad der Insel wächst zunehmend, so wurde etwa die Verfilmung des ABBA-Musicals »Mamma mia« mit Meryl Streep und Pierce Brosnan z.T. auf Skiathos gedreht. Es ist also längst kein Geheimnis mehr: Dies ist eine traumhafte Ecke.

**Skiathos-Stadt

Die Hafenbucht ist eingerahmt von zwei Halbinselchen; weiße Häuser staffeln sich dahinter den Hang hinauf – so präsentiert sich der Hauptort. In den gepflasterten Gassen blühen lila Bougainvilleen und tiefrote Geranien. Läden, Bars und Restaurants reihen sich aneinander. Im Sommer herrscht hier Hochbetrieb. Ein geeigneter Platz für alle, die im Urlaub gerne shoppen und nachts in den Discos feiern wollen. Im Hafen liegt eine kleine Halbinsel, **Bourdzi.** In ihrem **traditionellen Kafenio** wird Kaffee auf der Terrasse serviert, die Kulisse der Stadt breitet sich vor dem Betrachter aus.

Gefährdet: die Mönchsrobbe

Der Meeresnationalpark Nördliche Sporaden

Manchmal heulen die Sirenen des Mittelmeers noch. So werden die Mönchsrobben wegen ihrer geheimnisvollen Rufe genannt. Dass sie aber überhaupt noch zu hören sind, ist dem Meeresnationalpark Nördliche Sporaden bei Alonissos zu verdanken. Zwei Stunden von Volos entfernt lebt heute die wichtigste Robbenkolonie in relativer Sicherheit. Im naturnahen Tourismus liegt eine große Chance für den Marine-Nationalpark: Wenn mit unberührter Natur etwas zu verdienen ist, dürfte die Akzeptanz bei den Einheimischen steigen. Im Park ist allein der Besuch der Inseln Kira Panagia (Kloster, Buchten von Planitis und Ag. Petros) und Psathoura erlaubt. Nur so besteht eine Chance, dass die spezielle Flora und Fauna der Inselwelt erhalten bleibt. Ob man eine der Robben zu sehen bekommt, ist Glückssache. Infos zu Schutzgebiet und Bootsexkursionen: **Stiftung Europäisches Naturerbe** › S. 28.

Koukounaries

Skiathos' Ruf als Reiseziel beruht zu einem guten Teil auf seinen mehr als 60 Stränden, an der Südküste befinden sich die meistbesuchten. Einer davon stiehlt allen die Schau: ****Koukounaries, 9 km südlich von Skiathos-Stadt, zählt zu den weltweit besten Stränden.** Sein Sand glänzt in der Sonne, Pinien sorgen für Schatten, das Wasser schimmert türkis. Echt gut

Gialos Achladias

Sonnenbaden und Schwimmen, Wasserskifahren und Surfen: Die Küste zwischen **Megali Ammos** und **Koukounaries** lädt ein, das Strandleben zu genießen. Es gibt viele Pensionen und Tavernen. Bei **Gialos Achladias** ist das Wassersportangebot besonders groß.

Bootstour zum Lalariastrand

Den berühmten Kieselstrand von ***Lalaria** an der Nordostküste fahren Taxiboote vom alten Hafen in Skiathos-Stadt an. Der Wind schuf hier in Jahrtausenden **fantastische Felsformen.** Der bizarre Felsenbogen Tripia Petra, die weißen Kiesel, das klare Wasser – all das macht den Strand bei Tauchern und Schnorchlern beliebt. Echt gut

Wanderung nach Kastro

Kastro heißen die hoch auf einem Felsen gelegenen Ruinen der ehemaligen Inselhauptstadt aus dem 14.–19. Jh. Erfahrene Wanderer erreichen die Ruinenstadt mit Ausblick in drei anstrengenden

Stunden von Skiathos-Stadt aus (Wasser und Sonnenschutz nicht vergessen). Von der Stadt blieb wenig erhalten, in den Resten der Kirche Christos sto Kastro verwittern alte Fresken.

Info

- **EOT** › S. 138
www.skiathos.gr
- **Flugverbindungen:** Internationaler Flughafen mit Charterflügen aus Deutschland und Inlandsflügen nach Athen bei Skiathos-Stadt
- **Schiffsverbindungen:** Volos, Agios Konstantinos, Skopelos, Alonissos

Hotels

- **Mandraki Village**
Koukounaries][**Tel. 24 27 04 93 01**
www.mandraki-skiathos.gr
Luxuriös. Die Lobby luftig, die Zimmer mit einem coolen Mix aus Design- und Stilmöbeln. Thai-Masssagen, Reitstunden, Fahrradausflüge. Schickes Restaurant, Grillrestaurant am Pool. ●●●
- **Stavrianna Apartments**
Buchbar über **TDS Reisen, Tel. 0 89/ 2 60 94 18, www.tdsreisen.de.**
Zwei einfache Apartments für je 4 Pers. mit Klimaanlage über einem Minimarket. Strandnahes Haus mit Meerblick in **Tzaneria**, 8 km südl. Skiathos-Stadt. ●

**Ägina 11

Die Saronische Insel vor der Küste Athens gleicht einem griechischen Mikrokosmos. Was es im Land zu sehen gibt, ist auch hier vorhanden – manches kleiner, aber nicht weniger fein. Auf der fruchtbaren Insel wachsen die größten Pistazienhaine Europas.

Ägina-Stadt

Im Hauptort Ägina-Stadt herrscht im Sommer Ferientrubel, weil die Athener gern zur Sommerfrische hierher kommen. Die Hafenmole ist immer belebt, morgens bieten die Markthändler ihr frisches Gemüse von den Booten aus zum Verkauf an.

Aphaiatempel

Der gut erhaltene Aphaiatempel wurde ca. 500 v. Chr. für die Zeustochter Aphaia auf einer Anhöhe errichtet. Über der ersten Reihe hoher Säulen ist eine zweite übereinandergestaffelt zu sehen. Eine seltene architektonische Besonderheit, um in der Antike das Dach des Tempels zu stützen. Über den Tempel und die Insel hinweg reicht der Blick bis zum Saronischen Golf.

Paleochora

Im Inselinnern lockt die **verlassene Stadt.** Echt gut! Sie bot ab 900 fast ein Jahrtausend lang den Bewohnern von Ägina Schutz vor den Piraten, die immer wieder die Küstendör-

Aphaiatempel von Ägina

fer überfielen. Von den einst mehr als 300 Kirchen und Kapellen aus dem 13./14. Jh. ragen noch mehr als 20 auf, manche mit Freskenresten.

Agios Nektarios

Nicht weit von Paleochora erhebt sich das riesige Nonnenkloster. Die Kirche mit der gewaltigen ziegelroten Kuppel ist schon von Weitem zu erkennen und kann besichtigt werden.

Agia Marina

Der bekannteste Badestrand auf Ägina ist im Sommer gut besucht. Hotels, Pensionen und Tavernen, Bars und Supermärkte sowie Souvenirshops findet man reichlich.

Info

www.aeginagreece.com
Schiffsverbindungen: Athen, Poros, Methana (Peloponnes)

Hotels

- Aeginitiko Archontiko
Ag. Nikolaou & Thomaidos 1
Tel. 22 97 02 49 68
www.aeginitikoarchontiko.gr
Echt gut!
Neoklassizistisches Haus von 1900 **mit viel nostalgischem Charme.** Den Frühstücksraum ziert unter der Decke eine Galerie bunter Glasfensterchen, die Zimmer sind mit traditionellen Holzmöbeln eingerichtet. ●●

- Anatoli
18010 Agia Marina
Tel. 22 97 03 20 02
www.e-anatoli.gr
Kleines Hotel in Strandnähe. Die Zimmer sind im orientalischen Stil dekoriert. ●●

Restaurant

Yachtclub Panagakis
www.cafepanagakis.com
Café und Bar. Hier kann man das bunte Leben an der Hafenmole bei Sandwiches und Crêpes mit Eis erleben. ●●

Nightlife

Manos Club
18010 Agia Marina
Tel. 22 97 03 23 61
Griechische Musik live.

*Poros 12

Das beschauliche Poros, 33 km², trennt eine nur 250 bis 1000 m breite Meeresenge vom Peloponnes. Der gleichnamige Hauptort bedeckt einen kleinen Hügel, ein hoher Turm überragt das Gewirr der Gassen. Der **Strand von Askeli** ist zu Fuß von der Stadt aus zu erreichen. Fans von Wassersport kommen bei Wasserski und Windsurfen auf ihre Kosten.

Über die Straße von Poros gelangen Sie zum **Kloster Zoodochos Pigi** mit einer geschnitzten Ikonostase und zu den spärlichen Resten des Poseidontempels im Norden. Es lohnt sich, nach **Galatas** auf dem Peloponnes überzusetzen und den nahen Zitronenwald Lemonodassos zu besuchen – vor allem im Frühjahr, **zur Zeit der Zitronenblüte, ein unvergessliches Duft-Erlebnis!**
Echt gut!

Info

www.poros.com.gr
- Touristenpolizei: Tel. 22 98 02 22 50
- Schiffsverbindungen: Athen, Idra, Galatas

Hotel

Pavlou

18020 Neorio
Tel. 22 98 02 27 34
www.pavlouhotel.gr
Gut geführtes Hotel mit 36 behaglichen Zimmern am Strand von Neorio. Das zugehörige Restaurant legt auf gute Qualität der Zutaten Wert. ●●

*Idra (Hydra) 13

Unglaublich, aber auf der ganzen, 50 km² großen Insel gibt es keine Privatautos. Stattdessen stehen an der Hafenpromenade Esel und warten darauf, Besucher und Gepäck zu transportieren! Erholungssuchende finden tiefe Stille, aber keine Langeweile. Die felsige Karstlandschaft mit den steilen Küsten lohnt den Ackerbau nicht. So lebten die Bewohner seit jeher von Schifffahrt und Handel, Idra wurde als Reederinsel reich.

Seinen großen Auftritt hat Idra heute, wenn das Schiff einläuft: Die massiven Natursteinhäuser steigen amphitheatralisch um das Hafenbecken auf. Einige Hotels und Restaurants sind ausgesprochen exklusiv, die Insel ist ein Treffpunkt wohlhabender Kunstkenner aus Athen.

Hydrotaxis transportieren Menschen und Waren zu den Küstenweilern **Kaminia, Mandraki** und **Vlichos** und zum Strand von **Limnioniza**. Im Inselinnern stehen einsame Klöster. Zur Klosterruine **Profitis Ilias** auf dem **Berg Eros** z.B. kann man in rund 90 Minuten wandern. Vom Berg reicht die Sicht weit übers Meer.

Im Hafen von Idra (Hydra)

Info

www.hydra.com.gr
■ **Touristenpolizei:** Tel. 22 98 05 22 05
■ **Schiffsverbindungen:** Piräus (3½ Std.), Poros (1 Std.), Spetses (1 Std.)

Hotel

Greco Hotel

Od. Gika Kouloura
18040 Hydra
Tel. 22 98 05 32 00
www.greecohotel.gr
Das Natursteinhaus unweit des Hafens diente einst als Bäckerei. Heute befinden sich darin 19 moderne, gepflegte Zimmer mit Klimaanlage, TV und Kühlschrank. Stilvoll begrünte Terrasse; WLAN auch im Garten. ●●

Restaurant

Steki

Miaoull
Tel. 22 98 05 35 17
Nette Taverne zwischen Hafen und Rathaus. Draußen gibt es einfache Tische, drinnen eine Vitrine zum Aussuchen der Gerichte. ●●

Nordgriechenland

Nicht verpassen!

- Wandern Sie durch die jäh abfallende Vikos-Schlucht in den Bergen des Epirus
- Steigen Sie in die kühle Tropfsteinhöhle von Petralona, um sich an heißen Sommertagen zu erfrischen
- Lassen Sie die faszinierenden Ikonen von Christus und der Gottesmutter Panagia auf sich wirken
- Entdecken Sie auf der Chalkidiki Ihre eigene Bucht, in der man Robinson spielen kann
- Bestellen Sie in der Ouzerie Tottis in Thessaloniki als Einstimmung auf den Abend einen Ouzo mit pikanten Mezedes

Zur Orientierung

Nordgriechenland präsentiert sich als Terrain für Entdecker. Das gilt besonders für den **Epirus,** die gebirgigste Region Griechenlands. In den Schluchten des **Vikos-Aoos-Nationalparks** sind Sie als Wanderer oft noch allein. Auch die Wege im majestätischen **Pindos-Gebirge** wollen noch erforscht werden. **Ioannina,** Hauptstadt des Epirus, liegt malerisch am See, im Basar bieten winzige Lädchen handgefertigte Kupferkannen an. Romantiker freuen sich auf den Abendspaziergang auf dem Inselchen im See.

Makedonien verfügt über eine sonnenverwöhnte Küste, genau das Richtige, um sich an den Stränden der **Chalkidiki** unter Sonnenschirmen zu aalen. Auf Kultur muss man dabei nicht verzichten, Sommerfestivals bieten Theater und Konzerte. Nicht zu vergessen die zahlreichen byzantinischen Kirchen von **Kastoria** im Norden bis Thessaloniki im Süden mit ihren wundervollen Fresken und Ikonen. Wer es sich zutraut, der kann den Olymp besteigen. Surfer treffen sich an den Urlaubsorten auf **Kassandra** und **Sithonia.** Die Antike lockt mit den Mosaiken von **Pella** und den goldenen Grabbeigaben des Königs Philipp II. von Makedonien. Ein unvergleichliches Natur- und Kulturerlebnis in **Thessalien** bieten die Klöster von **Meteora,** die über der weiten Ebene thronen.

In schwindelerregender Höhe liegen die Klöster von Meteora

Nordgriechenlands Metropole ist **Thessaloniki.** Versäumen Sie dort nicht das Byzantinische Museum! In der romantischen Oberstadt findet man geeignete Plätzchen, um die Seele baumeln zu lassen. Keine Sorge, beim Shoppen in der Innenstadt kommen Sie wieder in Schwung!

Touren in der Region

Durch Epirus und Makedonien

6 Ioannina › Zagoria mit Vikos-Aoos-Nationalpark › Kastoria › Vergina › Pella › Thessaloniki

Länge: 6 Tage, 620 km
Praktische Hinweise: Um Kastorias Kirchen zu besichtigen, müssen Sie im Byzantinischen Museum einen Führer bestellen, Tel. 24 67 02 67 81. Vergina und Pella haben Mo vormittags geschlossen.

Spüren Sie die Kraft einer überwältigenden Natur und fühlen Sie, wie sich drei Zeitebenen durchdringen: Antike, byzantinische und osmanische Zeit. ***Ioannina** › S. 67 imponiert mit den Spuren aus osmanischer Zeit.

Zeichnet sich die Silhouette Ioanninas scharf vor den Bergen ab, so scheinen die Konturen der traditionellen ***Zagoria-Dörfer** › S. 68 ganz mit den umliegenden Felsen zu verschmelzen. Atemberaubend sind die Schluchten des **Vikos-Aoos-Nationalparks** › S. 69. Liebhaber byzantinischer Architektur, Fresken und Ikonen werden in ***Kastoria** › S. 69 und Thessaloniki ins Schwärmen geraten. Bei ****Vergina** › S. 70 und ****Pella** › S. 71 kommen nicht nur Fans der Antike ins Staunen. Das Grab des Vaters von Alexander dem Großen zu betreten, ist ein bisschen so, als würde man es selbst entdecken. Die Mosaike von Pella bestechen durch ihre Motive und schließen den Kreis zwischen den Epochen der griechischen Kultur. Im Hier und Jetzt wandeln Sie auf *****Thessalonikis** › S. 72 Flaniermeilen. Übernachten Sie in Ioannia, Kastoria und Thessaloniki.

6 **Durch Epirus und Makedonien Ioannina › Zagoria mit Vikos-Aoos-Nationalpark › Kastoria › Vergina › Pella › Thessaloniki**

Zum Olymp und den Meteora-Klöstern

7 Thessaloniki › Olymp › Ambelakia › Meteora

Länge: 3 Tage, 275 km
Praktische Hinweise: Aktuelle Öffnungszeiten der Meteoraklöster: www.kalampaka.com

Schauen Sie doch einmal bei den Göttern des Olymp vorbei und sehen Sie sich in schwebenden Klöstern um: Wo sich Natur und Kultur so eng miteinander verbinden, liegt das Zentrum Nordgriechenlands. In ******Thessaloniki*** › S. 72 stürzt man sich ins Leben einer griechischen Großstadt und bereitet sich im Byzantinischen Museum bereits auf kommende Kulturgenüsse vor. Hoffentlich haben Sie auch die Badehose eingepackt, denn Entspannen und Sonnenbaden sind die Hauptbeschäftigungen am

7 Zum Olymp und den Meteora-Klöstern **Thessaloniki › Olymp/Korinos › Ambelakia › Meteora**

8 Die Chalkidiki **Thessaloniki › Kassandra › Sithonia › Olimbiada › Athos**

Sommer in Makedonien

Strand von **Korinos** › S. 78 (Übernachtung), wenn Sie nicht einen Abstecher zur Ausgrabungsstätte von ***Dion** › S. 78 machen oder auf den **Olymp** › S. 79 kraxeln. Tauchen Sie dann auf dem Weiterweg durchs Tembital im ursprünglichen Bergdorf ***Ambelakia** › S. 81 tief in griechisches Dorfleben ein. Und dann erwartet Sie das Highlight Thessaliens, die spektakulären *****Meteora-Klöster** › S. 81. Auf steilen Felsen errichtet, bergen sie kostbare Fresken und Ikonen. In dem kleinen Dorf Kastraki bei Meteora können Sie übernachten (› S. 82).

Echt gut!

Feine Strände

- **Kokounaries:** Top-Sandstrand mit Pinienhain auf Skiathos. › S. 58
- Der weißeste: **Sani Beach** an der Westküste Kassandras. › S. 76
- Surfer und Taucher treffen sich am hellen Sand-Kieselstrand von **Kalamitsi Beach.** › S. 76
- Von der Strandmatte zum Berg Athos blicken können Sie an der Ostküste Sithonias bei **Sarti.** › S. 76
- **Amoliani** heißt die Insel westl. von Ouranopoli/Chalkidiki. Ihre Ostküste bis Megali Ammos ist ein einziger langer, feiner Sandstrand.

Die Chalkidiki

⑧ Thessaloniki › Kassandra › Sithonia › Olimbiada › Athos

Länge: 3 Tage, ca. 330 km
Praktische Hinweise: Infos über Hotels und Wanderungen bei der Chalkidiki Hotel Association › S. 77. Übernachten sollten Sie auf Sithonia › S. 76 und in Ouranoupoli › S. 76.

Von *****Thessaloniki** › S. 72 aus geht es los zur Strandparade. Auf den beiden Chalkidiki-Halbinseln Kassandra und Sithonia folgt Bucht auf Bucht. Auf **Kassandra** › S. 76 locken die Strände von Sani Beach und Afitos mit türkisblauem Wasser. Eine Wanderung über die Hügel von Kassandra bringt Abwechslung ins Strandleben, ebenso die ***Tropfsteinhöhle von Petralona** › S. 75. Weiter östlich, auf ****Sithonia** › S. 76, lockt der Naturhafen von Porto Koufos, in der Bucht von Kalamitsi gibt es eine deutschsprachige Tauchstation. Sarti eignet sich wegen seines Strandes gut für Familien, Blick auf den Berg Athos inklusive. Höhepunkt ist die Schifffahrt entlang der Westflanke des *****Berges**

Athos › S. 76, bei der Sie wunderschöne Klöster am Berg oder in Ufernähe entdecken. Bei **Olimbiada** › S. 77, ganz an der Ostküste der Chalkidiki, nördlich vom Athos, ist der Strand zum Teil menschenleer.

Wichtige Adressen

Infos bei der EOT › S. 138 oder in Thessaloniki, Tsimiski 136, Tel. 23 10 25 21 70, und am Flughafen.

Unterwegs in Nordgriechenland

**Ioannina 1

Ioannina (45 000 Einw.) ist die Hauptstadt des Epirus und bekannt für die Fingerfertigkeit ihrer Silberschmiede. Im kleinen Basar der Stadt gibt es auch eigene Gassen für Schneider, Schuhmacher und Messingschmiede. Orientalisch ist das Flair im ***Kastro,** der ummauerten Altstadt. Ali Pascha hieß die schillernde Gestalt, unter deren Führung die Region im 19. Jh. zu Wohlstand gelangte. Als er sich vom Sultan unabhängig machen wollte, vertrieben ihn die türkischen Truppen. Er flüchtete auf die Insel im Pamvotis-See, wo er 1822 ermordet wurde.

Die mit Arabesken ausgemalte ****Aslan-Moschee** von 1618 ist heute Stadtmuseum, die türkischen Bauten um sie herum verfallen. Sie birgt Trachten von Christen und Juden aus Nordgriechenland und Privatgegenstände aus dem Besitz Ali Paschas (Di bis So 8.30–15 Uhr). Das **Archäologische Museum** an der Kentriki Platia zeigt u.a. Funde vom Zeus-Orakel in Dodoni (aktuelle Öffnungszeiten erfragen unter Tel. 26 51 00 10 50).

Von der Aslan-Moschee ist die Sicht auf den See und die Insel ***Nisi** unverstellt, auf der fünf Klöster stehen. Das **Nikolaos-Kloster** mit seinen Fresken aus dem 16. Jh. sowie das **Panteleimon-Kloster,** der Rückzugsort Ali Paschas, lohnen einen Besuch. Reizvoll ist eine **Bootsfahrt auf dem See am frühen Abend.** Echt gut!

Info

Touristeninformation
Odos Dodonis 39, Tel. 26 51 04 18 68
Auskünfte für Wanderer: EOT › S. 138

Verkehr

- Busverbindungen: vom Busbahnhof (Od. Sosimadon) nach Athen, Thessaloniki, Igoumenitsa, Dodona
- Schiffsverbindungen: Nahe der Platia Mavili legen Boote zur Insel ab.

Hotels

- Olympic
Melanidis 2
45323 Ioannina
Tel. 26 51 02 22 33
www.hotelolymp.gr

Typische Bogenbrücke in der stillen Gebirgsregion Zagoria

Komfortables Hotel in der Nähe der Präfektur, große Lobby mit gläsernem Dach, gemütliche Zimmer, Piano-Bar, Restaurant und Konferenzraum. ●●●

■ Bretania

Kentriki Platia 11a][45000 Ioannina
Tel. 26 51 02 63 80

Gut geführtes Haus neben einem traditionellen Kafenio. Die 23 Zimmer verfügen über TV, Kühlschrank und Klimaanlage. ●●

Restaurants

An der **Platia Mavili** sind Tavernen und »Psisteries« (Grilltavernen) zu finden.

*Dodoni 2

Machen Sie doch einmal einen Abstecher zur Antike. Bei Dodoni befindet sich neben einem riesigen Theater das älteste Orakel Griechenlands. Hier stand eine dem Zeus geweihte Eiche. Aus dem Rauschen ihrer Blätter deuteten die Priester die Antworten auf die Fragen Ratsuchender. Auch das Zwitschern der Vögel gab den Sehern Aufschluss. Im restaurierten Theater aus dem 3 Jh. v. Chr. mit den steilen Sitzreihen finden im Sommer Festspiele statt (Programm bei der EOT in Ioannina, Di–So 8.30 bis 15 Uhr).

*Perama 3

Abkühlung an heißen Tagen verspricht ein kurzer Ausflug in die Unterwelt: In Perama wurde eine Tropfsteinhöhle entdeckt. Auf dem 45-minütigen Rundgang sieht man bizarr geformte Stalagmiten und Stalaktiten, die treffende Namen tragen wie »Schiefer Turm von Pisa« (tgl. 8 bis 19.30 Uhr, Tel. 26 51 08 15 21).

Die *Zagoria

In der Zagoria – *zagori* bedeutet »hinter den Bergen« –, einer entlegenen Gebirgsregion, gibt es zahlreiche einsame Weiler. Die Bewohner der *zagorochoria*, der

Karte Seite 64

Dörfer aus hellgrauen Natursteinplatten, flüchteten im Zeitalter der Industrialisierung vor der Armut. Heute bildet die wildromantische Landschaft mit den urtümlichen Siedlungen das Kapital der Rückkehrer.

Die Steindächer von **Monodendri** **4** sind aus der Ferne kaum vom Umland zu unterscheiden. Die Gasthäuser des Dorfes servieren die *Zagoria Pita*, eine Köstlichkeit aus Käse und Eiern. Vom Dorf aus sollte man den Vikos-Aoos-Nationalpark erkunden (siehe unten).

Hotels

Monodendri
44007 Monodendri
Tel. 26 53 07 13 00
www.monodendrihotel.com
Großes, graues Natursteinhaus im typischen Baustil, mit Arkaden, einfache Zimmer. ●

Vasilios Zarkadas
44007 Monodendri
Tel. 26 53 07 13 05
www.monodendri.com
Traditionelle Pension am Ortseingang, ganz im Zagoria-Stil mit vielen Holzmöbeln, offenem Kamin sowie Holzdecken, die z.T. bemalt sind. ●

Nationalpark Vikos-Aoos

Die grandiose ****Vikos-Schlucht** **5** ist einzigartig in Europa. Auf 10 km Länge hat sich der Fluss bis zu 1000 m tief in den grau-roten Felsen gegraben. Hellgraue Kalkplatten, so flach wie Pfannkuchen, schichten sich überall zu ungewöhnlichen Türmen auf. Man kann die Schlucht im Sommer durchwandern.

Der Ausblick von **Oxia,** dem **Felsenbalkon** bei Monodendri, ist spektakulär: Senkrecht stürzen die Felswände 400 m hinab in die Tiefe, der zerklüftete *Mega Lakkos*, der Große Graben, mündet gegenüber in die Schlucht. Echt gut!

Der Fluss verbirgt sich im Talgrund zwischen Kiefern und Buchen. Noch kommen allerdings wenige Besucher, um von Monodendri oder Kipi aus den anstrengenden siebenstündigen Weg durch die Schlucht zu wagen. Er endet entweder in **Vikos** oder in dem Zagoria-Dorf **Papingo**.

In **Konitsa,** einem bäuerlichen Ort nahe der albanischen Grenze, spannt sich eine alte Steinbogenbrücke hoch über den rauschenden Fluss. Die **Schlucht des Aoos** ist ein ideales Revier für Wildwasserkanuten und Rafting-Fans. In Konitsa werden im Sommer Kanus vermietet.

Unterkunft

Mehrere traditionelle Häuser werden im Dorf Papingo vermietet, z.B.

Saxonis Houses
44016 Megalo Papingo
Tel. 26 53 04 16 15
www.saxonis-houses.gr
150 Jahre alte, liebevoll restaurierte Steinhäuser, kleiner Garten. ●●●

*Kastoria **6**

Die Kleinstadt (30 000 Einw.) zieht sich über einen steilen Hügel der Halbinsel, die in den Orestiada-See hineinragt. Dank der Umweltprogramme der Stadt verbessert sich seine Wasserqualität allmählich. Im Zentrum der historischen Handelsstadt bilden alte und moderne Häuser ein labyrinthisches Gassengewirr. Im Ort fallen die zahlreichen Pelzgeschäfte auf. Kastoria ist weltweit für seine Pelzverarbeitung berühmt. Bekannt ist die Stadt auch für ihre byzantinischen Kirchen, die allerdings nur mit einem Führer aus dem Byzantinischen Museum zu besichtigten sind. Das Museum birgt eine kostbare Sammlung farbenprächtiger Ikonen (Tel. 24 67 02 67 81, Di–So 8.30 bis 15 Uhr; Kirchen nur bis 11 Uhr).

Vom Museum aus begleitet Sie der Führer zu einigen der schönsten Gotteshäuser. Die stimmungsvolle Atmosphäre in den kleinen Kirchen bestimmt ein geheimnisvolles Halbdunkel: Durch die winzigen Fenster fallen nur wenige Sonnenstrahlen; helles Licht würde die mittelalterlichen Fresken schnell verblassen lassen.

Die Kirche der ****Panagia Kumbelidiki** aus dem 11. Jh. ist innen und außen mit Wandmalereien geschmückt. Sehr eindrucksvoll ist die Darstellung der Heiligen Dreifaltigkeit in dem schmalen Gewölbe des Innenraumes. Die Ziegelsteinfassade der dreischiffigen Basilika ***Agii Anargiri** aus dem 10. Jh. ist geometrisch gemustert. Zwischen den Häusern versteckt liegt ***Agios Stefanos.** In der etwa 1000 Jahre alten Kirche steigt man zu einer kleinen Empore hinauf, die früher den Frauen vorbehalten war. Leider sind viele der alten Fresken beschädigt.

Die Kirchenbesichtigung lässt sich mit **einem Spaziergang am Orestiada-See** kombinieren. Eine breite Promenade führt am Ufer entlang, dort gibt es Kaffee und Torte und dazu einen herrlichen Blick über den See hinweg auf die bewaldeten Berge.

Echt gut

Info

Touristenbüro

im großen Park gegenüber der Präfektur, Tel. 24 67 02 14 90

Verkehr

Busverbindungen: Neapolis, Kosani, Athen, Thessaloniki

Hotels

■ Europa

Ag. Athanasiou 12][52100 Kastoria
Tel. 24 67 02 10 70
www.europahotelkastoria.gr

2010 eröffnetes Haus mit 36 im Designer-Stil eingerichteten Zimmern, Spa mit Jacuzzi, Fitnesscenter ●●●

■ Orestion

Platia Dawaki][52100 Kastoria
Tel./Fax 24 67 02 22 57
www.hotelorestion.gr

2005 modernisiertes Haus nahe beim Rathaus. 20 funktionell eingerichtete Zimmer mit TV und Klimaanlage. ●●

**Vergina 7

Es muss für den Archäologen Manolis Andronikos ein aufregender Moment gewesen sein, als er 1977 unter den unscheinbaren Hügeln des Dorfes Vergina **drei nahe beieinanderliegende Gräber** (Weg-

Echt gut

weiser »Royal Tombs«) fand. Eines davon war bereits Jahrhunderte zuvor ausgeplündert worden, das **Königsgrab** aber war unversehrt. Andronikos fand darin Schätze von unvorstellbarem Wert. Die goldenen und silbernen Grabbeigaben ließen ihn vermuten, die letzte Ruhestätte des makedonischen Königs Philipps II. entdeckt zu haben. Philipp, der Vater Alexanders des Großen, war nach seiner Ermordung 336 v. Chr. in Vergina bestattet worden, obwohl damals schon Pella die makedonische Hauptstadt war.

Die beiden anderen Gräber waren vermutlich für weitere Angehörige der königlichen Familie bestimmt. Die Forschungsarbeiten dauern noch an. Die Gräber schützt eine riesige flache Kuppel aus Erde. Hinter dickem Glas, in klimatisierter Luft und gedämpftem Licht erheben sich die Fassaden der mit schweren Marmortüren verschlossenen Gräber.

Zu den Fundstücken zählen die Gebeine des Königs und elfenbeinerne Porträts der Familienmitglieder, dazu ein goldener Eichenkranz, ein Diadem aus goldenen Blüten, Beinschienen und ein Brustpanzer aus Gold (Tel. 23 31 09 23 47, Gräber: Mo 13.30 bis 20, Di–So 8–20 Uhr, Nov. bis März Di–So 8.30–15 Uhr).

Oberhalb des Dorfes sind das Makedonische Grab, ein Palast aus dem 3. Jh. v. Chr. sowie ein Theater zu besichtigen. In besagtem Theater wurde Philipp II. während der Hochzeitsfeier seiner Tochter erdolcht.

Ausgrabungen von Vergina

**Pella 8

410 v. Chr. ließ König Archelaos die Hauptstadt des makedonischen Reichs von Aigai (Vergina) nach Pella verlegen. Im Palast unterrichtete Aristoteles den jungen Alexander. Spaziert man über die Ausgrabungsstätte, vorbei an Säulen und prachtvollen Mosaiken, gewinnt man einen guten Eindruck vom Glanz der alten Zeit. Gut erhalten sind Darstellungen einer Hirschjagd und der Entführung der schönen Helena. Im Museum sind Mosaike ausgestellt, u.a. Alexander der Große im Kampf gegen einen Löwen (Ausgrabungsstätte: 8–19.30 Uhr, im Winter bis 15 Uhr; Museum: Apr. bis Ende Okt. Mo 13.30 bis 19.30 Uhr, Di–So 8-19.30 Uhr; Ticket: Gelände und Museum).

Karte Seite 73

3 ***Thessaloniki 9

Die mondäne Hauptstadt der griechischen Provinz Makedonien (1 Mio. Einw.) liegt am Thermäischen Golf. Hier lässt sich nicht nur die Entwicklung byzantinischer Kirchenarchitektur studieren, sondern der Boulevard Tsimiski protzt auch mit exklusiven Boutiquen.

Stadtspaziergang

Vom 13. bis 15. Jh. gehörte die Stadt zu Byzanz. Entdecken Sie auf einem Stadtspaziergang die Spuren dieser Zeit.

!! Einige Kirchen sind von 12 bis 17 Uhr geschlossen. Beginnen Sie die rund dreistündige Tour morgens oder spätnachmittags.

Ausgangspunkt ist der ***Weiße Turm** Ⓐ. Er wurde im 15. Jh. als Teil der Stadtmauer am Meer errichtet. In dem einstigen Gefängnis befindet sich ein Museum zur Stadtgeschichte. Auch hinter der schlichten Backsteinfassade der Basilika ***Agia Sofia** Ⓑ verbergen sich Kunstschätze. Im Inneren fällt der Blick auf ein goldgrundiges Mosaik aus dem 9./10. Jh. Tiefernst blickt Maria mit dem Christuskind im Arm dem Betrachter entgegen. Das in Gold-, Blau- und Grüntönen gehaltene Mosaik der Kuppel stammt aus dem 9. Jh.: Die Apostel, unter hohen Bäumen stehend, beobachten die Himmelfahrt Christi. Die zentrale Platzierung des Mosaiks in der Apsis zeugt von der Verehrung, die der Muttergottes in Griechenland entgegengebracht wird.

Aus der römischen Vergangenheit der Stadt ist der **Galeriusbogen** Ⓒ erhalten. Kaiser Galerius hatte ihn 303 zur Erinnerung an seinen Sieg über die Perser errichten lassen. An den beiden Pfeilern des Triumphbogens ist der Reliefschmuck mit Szenen aus dem Perserfeldzug sehenswert.

Der Bogen war ursprünglich mit der ***Rotunda** Ⓓ verbunden. Der dreistufige Rundbau wurde 306 wohl als Grabmal für Kaiser Galerius erbaut. Ende des 4. Jhs. wandelten die Christen das Bauwerk in die Kirche Agios Georgios um, im 16. Jh. benutzten es die Türken als Moschee. Aus dieser Zeit stammt auch das Minarett.

Demetrioskirche in Thessaloniki

Karte Seite 73

Die fünfschiffige Basilika ***Agios Dimitrios** Ⓔ ein paar Straßen weiter ist Hauptkirche der Stadt und dem hl. Demetrios geweiht, dem Schutzpatron der Stadt. Im Jahr 303 soll er den Märtyrertod gestorben sein. An der Stelle, wo vermutlich sein Kerker gestanden hat, errichtete man im 5. Jh. eine erste Kapelle. Die später erbaute Basilika wurde im Mittelalter ein beliebtes Pilgerziel. Der auffällige Marmorkuppelbau in einem der Seitenschiffe birgt einen Silbersarkophag mit den Gebeinen des Heiligen.

Nahe der Kirche liegen die Reste der **Römischen Agora** Ⓕ. Auf dem antiken Marktplatz sind die Sitzreihen eines Odeons sowie Mosaikfußböden zu bewundern.

Im Park unterhalb reckt die ****Panagia Chalkeon** Ⓖ ihre drei Kuppeln zwischen Palmen hervor. Der zweistöckige Bau aus dem 11. Jh. stellt das gelungene Beispiel einer byzantinischen Kreuzkuppelkirche dar.

Shopping

Extravagante Mode, schicke Schuhe und flippige Designerkleider finden Sie in den Boutiquen der Straßen Mitropoleos und Tsimiski. Die **Markthallen** Ⓗ in der Irakliou und der offene Basar quellen über von Fisch und Fleisch, von bunten Früchte- und Gemüsebergen (tgl., Mo, Mi, Sa nur bis 14.30 Uhr).

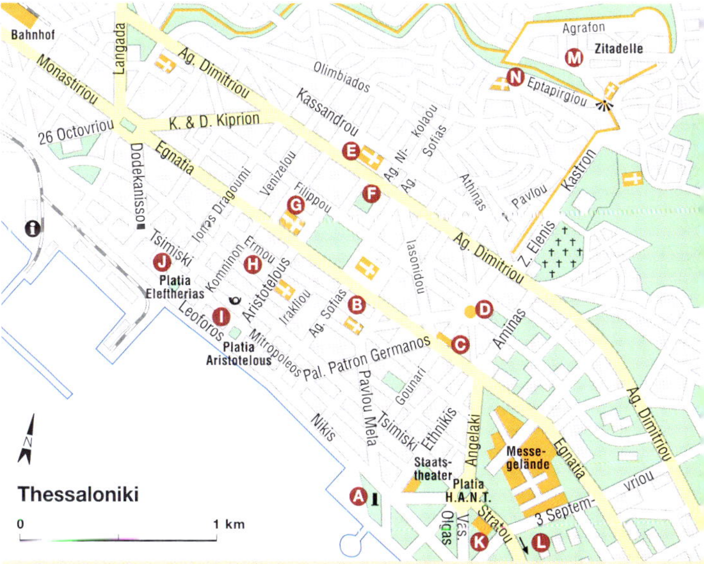

Ⓐ Weißer Turm
Ⓑ Agia Sofia
Ⓒ Galeriusbogen
Ⓓ Rotunda
Ⓔ Agios Dimitrios
Ⓕ Römische Agora
Ⓖ Panagia Chalkeon
Ⓗ Markthallen
Ⓘ Platia Aristotelous
Ⓙ Ladadika-Viertel
Ⓚ Archäologisches Museum
Ⓛ Museum für Byzantinische Kultur
Ⓜ Oberstadt
Ⓝ Vlatadon-Kloster

Über den Park und die daran anschließende Odos Aristotelous hinweg sieht man zum Meer. Die Straße endet in der runden ****Platia Aristotelous** **I**, die sich zum Meer hin öffnet. In der Bar des Electra Palace Hotels oder in der Ouzerie Tottis › S. 75. kann man sich abschließend bei einem *Café oriental* entspannen.

Das *Ladadika-Viertel J

Ein anderes Gesicht zeigt Thessaloniki im Ladadika-Viertel, das sich westlich an den Freiheitsplatz, die Platia Eleftherias, anschließt. Extravagante Tavernen und Bars locken Nachtschwärmer ins ehemalige Rotlicht- und aktuelle »In«-Viertel, in dem am Tag in uralten Lädchen Kaffee und Mehl verkauft werden.

Restaurants

- **Zythos**
  Kantouni 5][Ladadika
  Tel. 23 10 54 02 84
  Bar und Restaurant, Spezialität: Souzoukakia. ●●●
- **Ouzerie Ta Ladadika**
  Likurgou 4
  Hier gibt es Rembetiko live. ●●

***Archäologisches Museum K

An der Platia H.A.N.T. sind Funde aus ganz Nordgriechenland zu sehen – von prähistorischen Vasen bis zu römischen Fußböden. Nicht versäumen: den »Krater aus Derveni«, einen prachtvollen Weinmischkrug mit der Darstellung des Weingotts Dionysos (Mo 13–19, Di–So 8–19.30 Uhr).

*Museum für Byzantinische Kultur L

Das **außerordentlich sehenswerte Museum** liegt gegenüber in der Stratou-Straße. Die kulturellen, sozialen und religiösen Aspekte des Lebens im Byzantinischen Reich werden anhand von Ikonen, Schmuck und anderen Exponaten beleuchtet (im Sommer Mo 13.30–20, Di–So 8–20 Uhr, im Winter Mo 10.30–17, Di–So 8.30 bis 15 Uhr, www.mbp.gr).

Die **Oberstadt M

Eine **Panoramasicht** über Thessaloniki und den Golf genießt man von der Oberstadt. An der Platia Eleftherias fährt der Bus Nr. 23 (Eptapirgiou) in den am Hügel gelegenen Teil der Stadt, der sich seinen dörflichen Charme bewahrt hat. Zu Füßen der Zitadelle gibt es zwischen den Resten der gut erhaltenen byzantinischen Stadtmauer und kleinen weißen Häusern eine Reihe von Tavernen und Kafenia unter schattigen Bäumen. Sogar Wein rankt über die Drähte der Telefonleitungen.

Etwas unterhalb steht das einzige der Stadt verbliebene Kloster: Das **Vlatadon-Kloster** **N** aus dem 14. Jh. besitzt einen Garten voller Blumen.

Info

Touristeninformation
Tsimiski 136, oberhalb Weißer Turm, Tel. 23 10 25 21 70, sowie Flughafen

Verkehr

- **Flughafen:** 16 km südlich, Bus Nr. 78 ab Hauptbahnhof

Karte Seite 64

■ **Schiffsverbindungen:** Lesbos, Chios, Samos

■ **Busverbindungen:** Thessaloniki verfügt über zwei Busbahnhöfe: Richtung Athen/Ioannina ab Buszentralstation Makedonia, Iannitson 194 (ab Flughafen, Bahnhof und Weißem Turm mit Bus Nr. 78). Richtung Chalkidiki: mit dem Bus Nr. 31 ab Egnatia bis zur Endstation und dann noch eine Station weiter mit Bus Nr. 36 bis zum KTEL-Busbahnhof für die Chalkidiki.

Hotels

■ City

Komninon 11][54624 Thessaloniki
Tel. 23 10 26 94 21][www.cityhotel.gr
Zentral, mit schicker Bar und Restaurant. Helle, freundliche Zimmer mit Schallschutzfenstern, Heizung bzw. Klimaanlage. ●●●

■ Electra Palace

Platia Aristotelous 9
54624 Thessaloniki
Tel. 23 10 29 40 00
www.electrahotels.gr
Luxushotel, 130 stilvoll renovierte Zimmer, Nichtraucher-Zimmer. **Von der Pool-Bar Blick aufs Meer.** ●●●

■ Tourist

Mitropoleos 21][54624 Thessaloniki
Tel. 23 10 27 63 35
www.touristhotel.gr
Zentral nahe der Platia Aristotelous, einfach aber sauber, mit viel nostalgischem Flair. ●●

Restaurants

■ Ouzerie Tottis

Platia Aristotelous
Tel. 23 10 22 32 16
Auch bei Griechen beliebt. **Der richtige Platz, um zu sehen und gesehen zu werden.** ●●

■ Für die heißen Mittagsstunden empfehlen sich die Straßencafés am Uferkai Leoforos Nikis.

Nightlife

Außer im Ladadika-Viertel › S. 74 kann man die Nacht auch im O Mylos durchfeiern (Richtung Athen, per Taxi): Der originelle Kulturkomplex in einer alten Mühle bietet Restaurants, ein Rockcafé, Ausstellungsräume, ein Open-Air-Kino und eine Freiluftbühne. Veranstaltungsinfo: **www.mylos.gr**

Ausflug nach Edessa 10

Eine echte Abwechslung zum Häusermeer der Stadt finden Sie bei einem Trip nach Edessa, 80 km westlich. Die Straße über Giannitsa führt Sie durch fruchtbares Land, Pfirsiche reifen an kleinen Bäumen. Edessa durchziehen Bäche, die Attraktion ist ein Wasserfall. Dort laden Tavernen, umgeben von üppig blühendem Oleander, zum Verweilen ein.

**Chalkidiki

Mit ihren drei Fingern Kassandra, Sithonia und Athos ist die Chalkidiki eine beliebte Ferienregion mit Bergen und Buchten, kleinen Dörfern und lebhaften Touristenstädtchen. Sie ist seit uralten Zeiten bewohnt, wie die ***Tropfsteinhöhle von Petralona** 11 beweist. Dort fand man Knochenreste ausgestorbener Tiere, eine urzeitliche Feuerstelle und den Schädel eines Steinzeitmenschen (tgl. 9–15 Uhr, www.aee.gr).

Die Halbinsel Kassandra

Wege führen durch duftende Pinienwälder und silbriggrüne Olivenhaine, Sandstrände laden zum Baden ein. Die Hotelvereinigung hat für die ganze Chalkidiki **Wanderwege** ausgeschildert, etwa den reizvollen Kassandra-Höhenweg von Agia Paraskevi bis Kassandrino. An der Westküste lockt der Sandstrand von **Sani** 12 zum Badevergnügen: **lang, flach, türkisfarbenes Wasser.** An der Ostküste finden Sie lebhafte Ferienorte wie **Kalithea** 13 mit großem Wassersportangebot und Diskotheken sowie das ruhigere Dorf **Afitos** 14 mit seinen netten gepflasterten Straßen, zu dessen kiesiger Badebucht Sie über eine steile Straße gelangen.

Echt gut!

Souvenirs – Schön zu haben

- **Honig und Olivenöl** vom Markt – besonders lecker ist Thymianhonig.
- **Handgemalte Ikonen** – bitte mit Zertifikat, schon der Ausfuhr wegen.
- **Repliken von antikem Schmuck** – gibt es in großer Auswahl beim Juwelier.
- **Schicke Lederschuhe** kauft man zu guten Preisen in Boutiquen.
- **Bunte Bonbons und Törtchen** – Augen- und Gaumenschmeichler aus dem Zacharoplastio.
- Eine riesige **Auflaufform** aus Edelstahl leistet als Kuchenbackform oder Salatschüssel gute Dienste.
- **Schnuckelige Bademode** finden Sie in vielen Formen und Farben.

Die Halbinsel **Sithonia

Neos Marmaras 15 ist ein Touristenzentrum mit wenig Strand, dafür mit umso mehr Pensionen und Tavernen. Ganz anders präsentiert sich das nahe Dorf **Parthenonas,** wo erst allmählich die verlassenen Häuser wieder liebevoll hergerichtet werden.

Der Naturhafen von **Porto Koufos** ist von steilen Felswänden umgeben. An der Ostküste gibt es viele Traumstrände.

Vor der **Sandbucht von **Kalamitsi** 16 kann man wracktauchen (Tauchschule bei Camping Porto, Infos: Tel. 23 75 04 13 46, www.kalamitsi.com), im Touristenstädtchen **Sarti** am langen Strand Sonne und Sand genießen sowie surfen, bei **Agios Nikolaos** herrlich baden.

Der Berg ***Athos 17

In **Ormos Panagias** und **Ouranoupoli** 18 legen Boote zu Fahrten zum heiligen Berg ab. An Land sperrt ein Zaun die Landzunge ab. Die Geschichte der Mönchsrepublik reicht bis in das 7. Jh. zurück, unter dem Schutz des byzantinischen Kaisers wuchs die Gemeinschaft im 15. Jh. auf 40 000 Mönche an. Heute gibt es noch 20 Klöster, in denen 1800 Mönche wohnen. In der griechischen Verfassung genießt Athos als selbstverwalteter Teil des Staates einen Sonderstatus.

Nur zehn nicht-griechische Männer dürfen pro Tag einreisen. Für Frauen ist der heilige Berg tabu. Nach wie vor gilt der Erlass, dass keine »weichgesichtigen Personen« die Heiligkeit des Athos stören dürfen. Ihnen bleibt nur der Ausflugsdampfer, von dem aus man die Klöster durch das Fernglas betrachten kann. Manche scheinen in ganz andere Länder und Epochen zu gehören, wie das Agios Pandelimonos (11. Jh.) mit seinen grünen Zwiebelkuppeln. Tatsächlich leben dort russische Mönche.

Olimbiada 19

Felsbuchten und Sandstrände umgeben den kleinen Ort an der Ostküste der Chalkidiki, der erholsame Ferien verspricht. Am Strand geht es gemächlich zu. In den Tavernen dahinter wird griechische Hausmannskost gereicht. Südlich des Ortes erstreckt sich die kleine Halbinsel **Liotopi,** auf der Archäologen eine Siedlung aus archaischer Zeit freilegen, vielleicht die Geburtsstadt des Philosophen Aristoteles.

Info

■ **Chalkidiki Hotel Association**
Odos G. Papandreou 33
54646 Thessaloniki
Tel. 23 10 42 90 20-2
www.halkidiki-hotels.gr
Eine Art Fremdenverkehrsamt mit guten Infos, auch über Sehenswürdigkeiten und Wanderwege.

■ **Pilgerbüro von Athos**
Stefanos Kanelis
Egnatia 109][54635 Thessaloniki
Tel. 23 10 25 25 78][Fax 23 10 22 24 24
Hier muss sich jeder anmelden, der den heiligen Berg Athos besuchen möchte.

Berg Athos: Dionisioskloster

■ **Deutsches Generalkonsulat**
Karolou-Diehl 4a
54110 Thessaloniki
Tel. 23 10 25 11 20
Verschickt ein Infoblatt über Athos und informiert über die Einreiseformalitäten (auch bei der EOT erhältlich).

Hotels

■ **Aristoteles**
63075 Ouranoupoli][Athos
Tel. 23 77 07 10 12
www.aristoteles.gr
Große Bungalowanlage am Strand, auch Studios und Maisonetten. Gut ausgestattete Zimmer, alle mit Sicht aufs Meer. Großes Sportangebot. ●●●

■ **Haus Despina**
63072 Sarti][Sithonia
Tel. 0 89/46 32 54 (München)
www.ferienwohnungen-chalkidiki.de
Einfache Zimmer und Apartments, Dachterrasse mit Grill. 2011 wurde das Haus frisch renoviert. ●●

■ **Germany**
57014 Olimbiada][Tel. 2 37 60/5 12 55
www.chalkidiki.de
Direkt am Meer gelegen, mit Taverne. Schlichte Zimmer, super Lage. ●●

■ **Kitrina Spitia**
63078 Pirgadikia][Sithonia
Tel./Fax 23 10 23 59 42
www.chalkidiki-ferienwohnung.de
Komfortable Apartments am Meer (100 m) mit Waschmaschine, Spielplatz. Inhaber deutschsprachig. ●●

■ **Miljes Apartments**
570141 Olimbiada
Tel. 23 97 06 11 61 (Okt.–April)
Tel. 23 76 05 12 89 (im Sommer)
www.chalkidiki-apartments.de
Schöne Apartmentanlage am Ortsrand, mit Küche, Terrasse und TV. ●●

■ **Sani Beach Hotel**
63077 Kassandra/Chalkidiki
Tel. 23 74 09 94 00
www.saniresort.gr
Echt gut! Ein ganzer Komplex an **Hotels und Bungalows vom Familienzimmer bis zum Luxusapartment.** Großes Freizeitangebot, Freilichttheater. ●●

■ **Villa Rena, Ormos Panagias**
63078 Agios Nikolaos][Sithonia
Tel. 23 75 03 19 89 (von April–Okt.)
Tel. 23 11 27 36 66 (im Winter)
www.villa-rena.com
Echt gut! Ruhige Familienpension, gute Küche und **gepflegter Garten mit Laube.** ●

Nightlife

■ **Sani Festival** des Sani Beach Hotels: Jazz, Theater, Moderner Tanz (Programm unter **Tel. 23 74 09 94 00**)

■ Jazzmusiker und Tanzgruppen treten auch beim **Kassandra-Festival** im Theater von Siviri auf, **Tel. 23 74 02 39 97, www.festivalkassandras.gr.**

*Arnea 20

Kiefern und Platanen umgeben das Bergdorf im harzduftenden Holomondas-Gebirge. Häuser mit auffälligen Erkern säumen die Gassen. An der Platia stehen geometrisch gemusterte Teppiche und Honig zum Verkauf. Vorsicht ist bei der Quelle geboten: Trinkt eine Frau von ihrem Wasser, soll sie der Legende nach einen Mann aus dem Dorf heiraten! Auf dem Rückweg gibt es eine Bademöglichkeit in Stratoni.

Korinos 21

Korinos ist nicht mehr als ein großes Dorf, das heißt griechisches Landleben pur. Der Strand mit ein paar Tavernen eignet sich für Urlauber, die Ruhe suchen.

Verkehr

■ **Busse:** Katerini, Athen, Thessaloniki

■ **Bahn:** Athen, Thessaloniki

Hotel

Kochili
60062 Korinos
Tel. 23 51 04 15 76
www.hotelkochili.gr
1,5 km von Korinos am Strand. Bungalows, Schwimmbad, Spielplatz, Zimmer mit Kochecke, gute Taverne. ●●

*Dion 22

Das Heiligtum der Makedonen liegt am Fuße des Olymp. Achten Sie bei dem **herrlichen Spaziergang** durch die große Anlage, einst das kulturelle Zentrum der Makedonier, auf die Mosaike in den Thermen. Beim Heiligtum von Demeter und Asklepios stehen elegante Statuen auf Sockeln. Angeschlossen: ein Museum. Echt gut!

Special

Zu den Göttern des Olymp

An klaren Tagen reicht der Blick vom Gipfel des Mytikas weit: Die Sporadeninseln schimmern wie grüne Perlen in der Ägäis, der heilige Berg Athos und der Pindos zeigen ihre Gipfel. Griechenlands höchster Berg ist tatsächlich ein Genuss »für die Götter«. Ein großes Stück Griechenland lässt sich von da überblicken. Was will man von einem Göttersitz mehr erwarten?

Heimat des Zeus

Im Dorf Litohoro steigen Sie in die Wanderschuhe. Ihr Ziel ist die Wahlheimat des höchsten Gottes der Antike: Zeus regierte von dort oben mit Blitzen und heiligem Zorn die Welt. Auch heutzutage ist eine mystische Stimmung spürbar, wenn sich der Berg in Wolken hüllt und das Licht der Sonne an Stärke verliert.

Über eine Forststraße gelangen Sie zu Fuß, mit Auto oder Taxi von **Litohoro** nach **Prionia,** einer

Auf zum Mytikas

Wer den Berg bezwingen will, muss trittsicher und schwindelfrei sein. Eine Besteigung ist erst im Frühsommer möglich, denn erst ab Mitte Juni liegt am Gipfel kein Schnee mehr. Im Juli und August versperrt oft Dunst die Aussicht. Auch für Wanderungen sollten Sie feste Schuhe, Regenbekleidung, Wasser und Sonnenschutz mitnehmen und unbedingt auf den markierten Wegen bleiben! Melden Sie sich vor Ihrer Tour im Nationalpark beim Griechischen Alpenverein EOS in Litohoro oder bei der örtlichen Polizei an und anschließend wieder ab.

bewirteten Hütte und Maultierstation in 1100 m Höhe, wo der Nationalpark beginnt. Rote Lilien schwanken im Wind, Glockenblumen formen Kissen im Gras, Kiefern säumen den Weg.

Von Prionia aus können Sie den Aufstieg an einem Tag schaffen. Nach drei Stunden bietet die **Berghütte A** Gelegenheit zur Rast. Aus 2100 m Höhe schweift der Blick zum Meer. Die Hütte A wird von der griechisch-deutschen Familie Zolotas bewirtschaftet. Es gibt Zimmer für 6 bis 8 Personen sowie Schlafsäle (unbedingt reservieren).

Nach weiteren drei Stunden auf dem immer steileren Weg erreichen Sie den Gipfel. Das letzte Stück muss mithilfe der Hände erklettert werden. Erschöpft, aber begeistert stehen Sie auf einem der berühmtesten Berge der Welt.

Der Wanderweg E 4

Einen Blick in die Küche der Götter können Sie vom Skolio aus werfen, einem weiteren Berg des Olymp-Massivs. Er ist nur sechs Meter niedriger als der Mytikas und bietet eine direkte Sicht auf den Göttersitz. Manchmal steigen die Wolken aus einem Bergkessel wie Dämpfe um ihn empor.

Auf dem Europa-Wanderweg E 4 erreichen Sie ab Litohoro zunächst die Enipeas-Schlucht und die Hütte A, dann geht es über den Berg Skala zum Skolio hinauf. Außerhalb der Saison kreuzen manchmal halbwilde Ziegen den Weg. Die Landschaft ist rau, schüttere Grasmatten und graue Felswände prägen den letzten Abschnitt. Infos: www.eooa.gr.

Wandern am Olymp

Durch Wälder von Buchen und Kastanien führen Wege zum Gipfel Strango (1900 m) oder zum Skourta (2485 m), der schon an der Baumgrenze liegt. Über die »Hochebene der Musen« geht es zu einer der Berghütten, der Christos-Kakalos-Hütte, die vom griechischen Bergsteigerverband EOOA betrieben wird.

Wanderung durch die Vithos-Schlucht

Mit dem Taxi (Preis ca. 30 €) lässt man sich hinauf nach Prionia bringen und wandert durch die Vithos-Schlucht am Kloster Agios Dionissos vorbei in vier Stunden zurück nach Litohoro. Die Strecke ist Teil des E 4. Die letzten Meter geht es an einer Wasserleitung entlang, die Litohoro mit Quellwasser versorgt.

Info

Maria Zolotas
I. Olympiou][60200 Litohoro
Tel. 23 52 08 13 29
www.mountolympus.gr
Familie Zolotas spricht Deutsch, vermittelt Zimmer und Mietwagen.

Berghütte A
Spilios Agapitos][Tel. 23 52 08 18 00
110 Schlafplätze

EOS, Griechischer Alpenverein
Tel. 23 52 08 24 44

EOOA
Griechischer Bergsteigerverband
Milioni 5][10673 Athen
Tel. 21 03 64 59 04][www.eooa.gr

Karte Seite 64

**Olymp 23

Aus dem Olymp-Massiv ragt der höchste Berg Griechenlands, der 2917 m hohe **Mytikas**. Beeindruckt von seiner Höhe glaubten die Griechen, das majestätische Gebirge sei der Sitz der Götter. Wie Sie den Mytikas besteigen oder auf dem Olymp wandern, erfahren Sie im Special »Zu den Göttern des Olymp« › S. 79.

Hotels

■ **Enipeas**
Enipeos 2][60200 Litohoro
Tel. 23 52 08 43 28
An der Platia, mit Aussicht in die Vithos-Schlucht, einfache Zimmer. ●

■ **Aphroditi**
Enipeos 1][60200 Litohoro
Tel. 23 52 08 14 15
Hübsches Haus im Zentrum mit einfachen Zimmern. ●

*Ambelakia 24

Wo sich das üppiggrüne und enge Tembi-Tal zur thessalischen Ebene hin öffnet, führt eine Abzweigung von der Schnellstraße hinauf in das abgelegene Bergdorf. Abends sitzen vor den Tavernen die alten Männer zusammen. Einst war das Dorf durch seine Färbereien und Spinnereien zu Wohlstand gelangt. Davon zeugen noch seine Archontika, **traditionelle Herrschaftshäuser**. Im 18. Jh. gründeten die Ambelakioten die erste Produktionsgenossenschaft, Präsident war Jorgos Mavros. Sein Haus ist heute ein **Museum**. Wandmalereien und filigrane Schnitzereien prägen die Gesellschaftsräume, die Küche ist bäuerlich eingerichtet.

Hotel

Ennea Mousses
40004 Ambelakia
Tel. 24 95 09 34 05
Behagliches Archontiko, nur in Pantoffeln zu betreten! 10 Zimmer. ●●

4 ***Meteora 25

Die dunkelgrauen Felstürme, die fast senkrecht über 300 m aus der Ebene herausragen, sind vor Jahrmillionen durch Erosion und Erdbeben entstanden. Bereits vor rund tausend Jahren ließen sich die ersten Eremiten dort nieder. Daraus entwickelte sich eine Mönchsgemeinschaft, die im 14. Jh. mit dem Bau der Klöster begann. Um Gott näher und vor ungebetenen Gästen sicher zu sein, errichtete der Mönch Athanasios Kinovitis auf dem höchsten Felsen das *Megalo Meteoro*, das »Große, zwischen Himmel und Erde Schwebende«. Es entstand ein Klosterkomplex von insgesamt 24 Klöstern, die jedoch im 17. Jh. wegen interner Streitereien und Repressalien der Türken verfielen. Heute sind nur noch fünf bewohnt. Besucher erreichen sie über eine Straße. Die Klöster sind mit kunstvollen Fresken und Ikonen geschmückt.

In der Stadt **Kalambaka** und im Dorf **Kastraki** ganz in der Nähe der Felsen sind Hotels, Tavernen und jede Menge Souvenirshops zu finden.

Das Meteorakloster Roussanou

**Agios Nikolaos Anapafsas

Das vom Ort Kastraki aus gesehen erste Kloster (1368) thront wie eine Festung auf dem Gipfel. Ein Seilaufzug wird für Lasten benutzt. Früher waren die Klöster nur über Strickleitern oder Seilwinden zugänglich – heute gibt es Treppen und Brücken.

**Megalo Meteoro

Das größte Kloster (ab 1356) ist auch das meistbesuchte. Es liegt auf 623 m Höhe. Eindrucksvoll sind die düsteren Fresken mit Märtyrerdarstellungen und die Bibliothek mit alten Schriften (Do–Mo 9–13, 15–17/18 Uhr). Echt gut! Im **Museums-Shop des Klosters** gibt es hübsche Ikonen.

Agia Triada

Auf dem Weg von Kastraki zu Agios Stefanos passiert man das Dreifaltigkeitskloster **Agia Triada** (Hauptkirche von 1476, Fr–Mi 9 bis 12.30, 15–17 Uhr): Die atemberaubenden Abgründe bildeten die Kulisse für den James-Bond-Film »In tödlicher Mission«.

!: Für die Besichtigung der Klöster müssen Frauen einen langen Rock tragen und die Schultern bedecken. Für Männer sind lange Hosen Vorschrift. Die Mönche halten auch Tücher zum Umhängen bereit.

Info

Die Öffnungszeiten der Klöster ändern sich häufig. Aktuelle Öffnungszeiten unter **www.kalampaka.com**.

Verkehr

- **Busverbindungen:** Kastraki, Ioannina, Kosani, Trikala
- **Bahnverbindungen:** Trikala, Volos

Hotels

- **Orfeas**

Pindou 58][42200 Kalambaka
Tel. 24 32 07 74 44
www.hotel-orfeas.gr
Schickes Hotel mit offenem Kamin in der Lobby, Swimmingpool und Restaurant. ●●

- **Batalogianni**

43200 Kastraki][Tel. 24 32 02 32 53
batalogianni@yahoo.gr
Familiäre Pension mit guter Taverne, unterhalb der Kirche gelegen. ●

Sport

Auch **Kletterer** fühlen sich von den Felsen herausgefordert. Infos zu ihrer Sportart unter **www.kalampaka.com**.

Ruinenstadt Mistras: Klöster im Zypressenhang

Der Peloponnes

Nicht verpassen!

- Fahren Sie am Golf von Korinth entlang, auf einer Seite das Meer, auf der anderen Seite Olivenhaine
- Fotos for fun: Posieren Sie im Stadion des antiken Olympia wie ein Sportstar
- Trinken Sie am Hafen von Nafplio einen griechischen Kaffee (mit Satz!)
- Werfen Sie im Theater von Epidavros eine Münze – den Klang kann man bis ganz oben hören
- Betrachten Sie im archäologischen Museum von Olympia eine antike Statue mit Muße

Zur Orientierung

Der Peloponnes zählt zu den geschichtsträchtigsten Regionen Griechenlands. Von **Patras** ist das Highlight des Westpeloponnes, das antike **Olympia,** bald erreicht. An den Sandstränden der Westküste oder in den Spas moderner Wellnesshotels in **Loutra Killini** können Sie sich dann von der Besichtigung erholen.

Ab durch die Mitte geht es zu den Bergdörfern **Arkadiens,** einer guten Gegend für Wanderer. In der Argolis auf dem Ostpeloponnes beeindrucken die Kyklopenmauern mykenischer Festungen. Schlendern Sie gemütlich durch die Ruinen von **Korinth** und lauschen Sie abends auf den Rängen des Theaters von **Epidavros** den Schauspielern. Rund um das pittoreske Städtchen **Nafplio** laden nach dem Stadtbummel und der Besteigung des Burgfelsens malerische Felsbuchten zum Schwimmen und Schnorcheln ein.

In der Präfektur **Lakonia** schließlich findet man Stille und Erholung, nehmen Sie sich Zeit für eine Wanderung durch die zauberhafte byzantinische Ruinenstadt **Mistras.** Tief im Süden des Peloponnes können Sie in den Wehrtürmen der entlegenen **Mani** ein originelles Quartier beziehen. Reizvoller Kontrast dazu ist das lebhafte **Githio,** in dessen Fischerhafen bunte Boote, die *kaikia*, dümpeln. Paris und die schöne Helena sollen dort ihre erste Liebesnacht verbracht haben.

Touren in der Region

Korinth, Mykene und Epidavros

9 Korinth › Mykene › Nafplio › Epidavros › Korinth

Länge: 4 Tage, rd. 200 km
Praktische Hinweise: Karten für die Aufführungen im antiken Theater von Epidavros › S. 98

Klassische Bildungsreisende werden von dieser Tour schwärmen: ****Alt-Korinth** › S. 95 und die Säulen des Apollontempels, der Ring der Gräber von Mykene, dazu Epidavros mit seinem Theater und dem Asklepionheiligtum sorgen für unvergessliche Eindrücke aus der Antike. Aber Sie müssen gar nicht mit Homer im Koffer reisen! Nehmen Sie das erste Etappenziel Korinth sportlich und statten dem Burgberg zu Fuß einen Besuch ab. Zücken Sie die Kamera und freuen Sie sich auf Säulenkapitelle zwischen Blumen, Schafherden am Straßenrand und die Burghügel der Argolis.

Wenn Sie von Korinth zeitig nach ****Mykene** › S. 96 aufbrechen, stehen Sie nicht so lange an und entgehen der Mittagshitze. Und versäumen Sie nicht das Schatzhaus des Atreus! Von Mykene ist es nicht mehr weit bis **Nafplio › S. 98, das sich mit seinen netten Pensionen hervorragend als Ausgangspunkt für die weiteren Touren anbietet. Schlendern Sie durch die Gassen, trinken Sie auf der marmorgepflasterten Platia Sintagmatos einen Frappé und schauen Sie am Hafen hinaus zur Insel Bourdzi – so lässt man es sich in Nafplio gut gehen. Tummeln Sie sich in den Fluten nahe der Stadt oder bei **Tolo** › S. 100. Dann ist es Zeit für einen besonderen Höhepunkt: ***Epidavros › S. 97. Die Akustik im Theater ist faszinierend, der Blick in die Landschaft grandios. Der Besuch einer Aufführung im Theater, das aus dem 4. Jh. v. Chr. stammt, bleibt unvergesslich. Entlang der Küste führt der Weg dann zurück nach Korinth, der Saronische Golf schiebt sich in den Blick, bei klarer Sicht sind die vorgelagerten Inseln zu erkennen.

Mykene: Schatzhaus des Atreus

Olympia und die Bergdörfer Arkadiens

(10) Patras › Loutra Killinis › Olympia › Lagadia › Dimitsana › Vitina › Nafplio

Länge: 3 Tage, ca. 200 km
Praktische Hinweise Die EOT Patras gibt auch Infos zu Loutra Killinis › S. 90 heraus.

Mit diesem Teil des Peloponnes haben Sie Griechenland »en miniature« vor sich: das Chaotische in Patras, das Bäuerliche in den Dörfern, das Klassische in Olympia. Lassen Sie das laute **Patras** › S. 88 hinter sich und fahren Sie durch eine mediterrane, bäuerliche Landschaft voller Zypressen und Macchia nach **Loutra Killinis** › S. 90. Der ruhige Ort lockt zum Baden, am Strand und in Thermalquellen. So kommen Sie ganz entspannt in ***Olympia › S. 90 an, wo Sie übernachten sollten. Brechen Sie aber früh auf und frühstücken Sie gut: Bei der ausgedehnten Grabungsstätte wird Ihnen Ausdauer abverlangt, vor allem, wenn Sie im antiken Stadion selbst von der Start- zur Ziellinie laufen wollen. Im Museum warten andere Highlights: Umrunden Sie den marmornen Hermes des Praxiteles, aus jeder

Perspektive eine Pracht. Auf der Fahrt durch die Bergdörfer Arkadiens bieten sich immer wieder fantastische Ausblicke. Besonders imposant: der Blick über die Schlucht von der Aussichtsterrasse im Dorf **Lagadia** › S. 93. In ****Dimitsana** › S. 93 lernen Sie die traditionelle Architektur eines Bergdorfs kennen und können auf alten Maultierpfaden wandern. In **Vitina** › S. 94 kann man vom Salatbesteck bis zum Hirtenstab erwerben, was sich aus Holz schnitzen lässt. Nach einer Übernachtung in Viti geht es am nächsten Tag entlang der Menalon-Berge über Tripoli nach **Nafplio** › S. 98, wo Sie Anschluss an die Touren 9 und 11 haben.

Der Süden mit Mani und Mistras

(11) Nafplio › Githio › Mani › Mistras

Länge: 3 bis 4 Tage, 260 km
Praktische Hinweise: Diese Tour sollte man möglichst mit dem Auto unternehmen. Über traditionelle Unterkünfte auf der Mani informiert die EOT › S. 138.

Diese Tour ist ein echter Augenschmaus! Ganze Städte und Landschaften des südlichen Peloponnes breiten sich vor Ihnen aus, aber auch die Details sind Hingucker. Das charmante Städtchen **Nafplio** › S. 98 zählt mit seiner geschlossenen Altstadt zu den hübschesten Städten des ganzen Landes. Auf der Fahrt am argoli-

(9)
Korinth, Mykene und Epidavros
Alt-Korinth › Mykene › Nafplio › Epidavros › Korinth

(10)
Olympia und die Bergdörfer Arkadiens **Patras › Loutra Killinis › Olympia › Lagadia › Dimitsana › Vitina › Nafplio**

(11)
Der Süden mit Mani und Mistras
Nafplio › Githio › Mani › Mistras

Theben
Ägio
Diakofto
Akrata
Golf von Korinth
Erithres
Likoporia
Xilokastro
Vouraikos
Mega Spiläo
Asprópirgos
Kiato
Mandra
Perahora
Megara
Elefsis
Athen
Kalavrita 7
Agia Lavra
Sikyon
Loutraki
Perama
Dafni
Peloponnes
Korinth
Salamis
Lechäo 8
Piräus
Isthmia
Stimfalos
Akrokorinth
Alt-Korinth
Saronischer Golf
Kleonä
Nemea
9
Korfos
Orchomenos
Ägina
Mykene 10
Fichti
Nea Epidavros
Ägina
Magouliana
Levidi
Iräon
4
6
Vitina
Argos
Tiryns
Ligourio
Karkalou
Palea Epidavros
MENALON
10
11
5 Dimitsana
Lerna
Epidavros
Stemnitsa
12
Nafplio
Methana
Tripoli
Mili
Karitena
1560
Achladokambos
Bourdzi
Tolo
Poros
13
Megalopolis
11
Tegea
Loukous
Paralia Astrou
Astros
Kranidi
Argolischer Golf
Ermioni
PARNON
Ag. Andreas
Paradisia
Idra
Paralia Tirou
Idra
Meligalas
Tiros
Sapounakeika
Spetsä
TAIGETOS
Leonidio
Plaka
Dafnon
Elonis
Tripi
1839
Messini
Sparta
Kosmas
Poulithra
Mistras
Amyklei
Bouka
Kalamata
14
Evrotas
Avia
2404
Geraki
ÄGÄISCHES
Kiparissi
Kambos
Tseria
Kardamili
Kastania
Skala
Elos
Stoupa
Richea
Platsa
19
15
Molai
Thalames
Githio
Itilo
MEER
Mavrovouni
Gefira
Areopoli
Monemvasia
16
Pirgos Dirou
20
MANI
Lakonischer Golf
Elafonisos
Gerolimenas
17
Neapoli
Vathia
Porto Kagio
Kap Tenaro (Matapan)
18
Ag. Pelagia
Kithira
Peloponnes
N
Kithira
0
30 km
Kreta
Piräus
Githio

schen Golf nach **Leonidio** sind die Ägäis und die Abhänge des Parnongebirges Ihre ständigen Begleiter. Bei **Paralia Astrou** heißt es anhalten und sich in die Wellen stürzen. Bei Astros lohnt ein Abstecher zum weißen Nonnenkloster ***Loukous** mit Blumengarten, prächtigen Fresken und einem Mosaikboden aus dem 12. Jh. Das alte Bergdorf **Tiros** und der winzige Weiler **Sapounakeika** schmiegen sich oberhalb der Küste an die Hänge. Von dort oben ist die Aussicht auf den Golf fantastisch. Auf der Weiterfahrt geht es quer durch die Berge nach ***Githio** › S. 101. An seiner Uferpromenade hängen die Tintenfische zum Trocknen auf der Leine. Hier können Sie übernachten und von hier aus den Süden erkunden, die einsame ****Mani** › S. 103 mit hohen Wohntürmen. Die sensationell gelegene Ruinenstadt ****Mistras** › S. 101 setzt einen Paukenschlag zum Abschluss der Tour: byzantinische Klöster im Zypressenhang. Planen Sie hier noch eine Übernachtung ein.

Verkehrsmittel

Es gibt zwei Flughäfen: Araxos, 35 km westlich von Patras, Tel. 26 93 02 35 98 (nur Charterflüge) und Kalamata, Tel. 27 21 06 38 05 (Charterflüge, Aegean Airlines).

Unterwegs auf dem Peloponnes

Patras 1

Viele nutzen die Hafenstadt (167 000 Einw.) nur als Sprungbrett für ihre Griechenlandtour. Europas Kulturhauptstadt 2006 ist eine der lautesten Städte Griechenlands. Im Hafen legen die Fähren aus Italien an. Dort findet man Eisenbahn, Busstation, Fremdenverkehrsamt, Reisebüros und Autovermieter. Von den Ruinen der fränkischen ***Burg** aus dem 13. Jh., die von Venezianern und Türken erweitert wurde, hat man einen reizvollen Blick auf die Stadt und das Meer. Derzeit entsteht ein neuer Fährhafen außerhalb des Ortes.

Info

- **EOT West-Peloponnes**
  Filopimenos 26
  26221 Patras
  Tel. 26 10 62 03 53
  pyt_patras@gnto.gr
- **Städtisches Infocenter am Hafen**
  Othonos Amalias 6
  Tel. 26 10 46 17 40
  www.infocenterpatras.gr

Verkehr

- **Busverbindungen:** Rio, Korinth, Pirgos, Olympia, Tripoli, Ioannina, Athen
- **Bahnverbindungen:** Korinth, Athen, Pirgos, Olympia
- **Schiffsverbindungen:** Igoumenitsa, Korfu, Bari, Ancona, Brindisi

Blick über Patras auf den Golf von Korinth

Hotel

Primarolia

Othonos 33 & Amalias

26221 Patras

Tel. 26 10 62 49 00

www.arthotel.gr

Das Hotel bietet 14 elegante Zimmer in modernem griechischem Design, manche mit Meerblick. ●●●

Restaurants

- In der Straße Trion Navarchon im Zentrum gibt es viele Tavernen, die gerne von Griechen besucht werden.
- **Don Camillo e Peppone**

Germanou

www.doncamilloepeppone.gr

Schickes Bistro und Bar, griechische und italienische Küche. ●●

Kalo Karnavali!

Wenn dickbäuchige Nilpferde durch die Straßen stampfen, eisblaue Pinguine hinterher watscheln und die Leute sich »kalo karnavali« wünschen, dann ist Karneval in Patras. Zehntausende Besucher kommen, um den spektakulären Umzug zu sehen, die großen Prunkwagen und die fantasievollen Kostüme. Der Karneval wird in Patras bereits seit 1829 gefeiert. Selbst antike Einflüsse werden angenommen: Die Satyrn, bocksähnliche Fruchtbarkeitsdämone, trieben im Geleitzug des Gottes Dionysos ein lockeres Spiel. In der Neuzeit ist der sensationsumwitterte Bourbouli-Tanz beliebt: Dabei tragen Frauen Dominos und schwarze Masken. Angeblich können sie so nach Herzenslust den Männern nachstellen und einiges – nur nicht ihre Masken – abnehmen. Höhepunkt des Treibens ist der Umzug am Sonntag, wenn rund 40 000 Teilnehmer durch die Straßen tanzen und mehr als 20 Prunkwagen anrollen. Abends wird am Hafen unter reger Anteilnahme der Menge der Karneval verbrannt. Schiffshörner dröhnen, eine große Clownsfigur wird auf dem Meer in Brand gesteckt, ein Feuerwerk beendet den *patrino karnavali,* den Karneval von Patras.

Ausflug aufs Weingut

In den Bergen oberhalb von Patras liegt das Weingut **Achaia Clauss,** 1861 von dem Bayern Gustav Clauss gegründet. Es zählt zu den bekanntesten Griechenlands. Spezialität ist der dunkelrote Mavrodaphne, ein Dessertwein, der seinen Namen der schwarzäugigen Daphne, der Geliebten von Gustav Clauss, verdankt. Tgl. 10–17 Uhr, Führung mit Besichtigung der Weinkeller (auf Englisch; Dauer 15 Min.), Tel. 26 10 58 01 00, 8 km vom Zentrum (Richtung Kalavrita–Saravali) beim Dorf Petroto, auch per Bus erreichbar.

Loutra Killinis/Killini 2

In Loutra Killinis gingen bereits Griechen und Römer zur Kur. Heute haben Sie die Wahl: Genießen Sie die herrlichen Thermalquellen (25 °C) wie einst in einem schwefelhaltigen **Naturschlammbad, beschattet von Eukalyptusbäumen und Kiefern.** Oder probieren Sie die Wannenbäder im ebenso einfachen wie preiswerten Kurmittelhaus. Alles soll gegen Bronchitis und Hautkrankheiten helfen. Oder entspannen Sie ganz modern in Griechenlands größtem Wellnessangebot – bei **Killini** lockt hinter den Dünen ein Ferienresort der Superlative. Verlockend und ideal für Kinder sind die breiten Badestrände hinter der grünen Dünenlandschaft.

Echt gut!

Verkehr

- **Schiffsverbindungen:** von Killini nach Zakinthos und Kefalonia
- **Busverbindungen:** Von Gastouni (12 km) nach Patras, Pirgos

Hotels

- **Olympia Oasis**
27050 Kastro Killinis/Ilia
Tel. 26 23 06 44 00
www.grecotel.com/peloponnese/olympia-oasis
Große Hotelanlage mit komfortablen Zimmern; schmiedeeiserne Möbel im traditionellen Look. Tolle Pool-Landschaft und super Strand. Moderner Spa-Bereich. ●●●
- **Helidonia**
27050 Vartholomio
Tel. 26 23 09 63 93
www.helidonia.gr
Auf halber Strecke nach Gastouni. Sehr komfortable Bungalows mit Küche, Meerblick vom Balkon, Schwimmbad, 2008 renoviert (deutschsprachig). ●●●

Restaurant

In **Arkoudi**, 1,5 km von Loutra Killinis, gibt es einige traditionelle Tavernen. ●

***Olympia 3

Das alte Olympia, umgeben von Eukalyptusbäumen und Pinien, liegt kurz vor dem neuen Dorf, das vorwiegend aus Restaurants, Cafés, Souvenirläden und Hotels besteht. In der nach verheerenden Waldbränden im Jahr 2007 nicht mehr ganz so grünen Hügellandschaft, wo die Flüsse Alfios und

Kladeos zusammenfließen, fanden 776 v. Chr. bis 393 n. Chr. Olympische Spiele statt. Nehmen Sie sich für das weitläufige Ausgrabungsgelände und das Museum einen ganzen Tag Zeit. Dem olympischen Geist zwischen den antiken Ruinen spüren Sie am besten frühmorgens oder am späten Nachmittag nach.

Gleich beim heutigen Eingang können Sie einen Blick in die antiken Fitnessstudios werfen: Zwischen den Säulenreihen des Gymnasiums und der **Palästra** trainierten früher Leichtathleten, Boxer und Ringkämpfer.

Im Zentrum des **Heiligen Hains,** der Altis, ragen die Tempel des Zeus und seiner Gemahlin Hera heraus. Die Wettkampfstätten und Übungsplätze befinden sich außerhalb. Die wuchtigen Säulentrommeln des Zeustempels liegen im Gras – die Säulen aus Muschelkalk waren über 10 m hoch. Skulpturengruppen aus parischem Marmor schmückten die beiden Giebel des Tempels (Rekonstruktionen im Archäologischen Museum › S. 92).

Die kolossale Zeusstatue aus Holz, Gold und Elfenbein, die im Inneren des Tempels thronte, gibt es leider nicht mehr. Der sitzende Zeus, ein Werk des Bildhauers Phidias, zählte einst zu den Sieben Weltwundern der Antike. An diesem größten Tempel der Anlage fand die Ehrung der Olympiasieger statt. Hier stand auch der heilige Ölbaum, von dem die Zweige für die Siegerkränze geschnitten wurden.

Die Säulen von Olympia

Zwischen Hera- und Zeustempel führt der Weg durch einen Torbogen in das **Olympiastadion.** Bis zu 45 000 Zuschauer feuerten die Athleten von den Erdwällen aus an. Eine steinerne Tribüne gab es nur für Schiedsrichter und Ehrengäste. Die Start- und Ziellinien markieren noch heute die ursprüngliche Wettlauflänge der Bahn: 192,27 Meter. Bei den Olympischen Spielen 2004 fand hier das Kugelstoßen statt.

Beliebtes Fotomotiv im olympischen Hain sind die Säulen des Heratempels aus dem 6. und 7. Jh. v. Chr., eines der ältesten Tempel Griechenlands. Der Tempel liegt am Fuß des Kronoshügels, wo vor Olympischen Spielen das Feuer

Von Zeus bis London 2012

Auf die Plätze, fertig, los – der Startschuss für die Olympischen Spiele fiel 776 v. Chr. Die Olympioniken von damals waren gemachte Leute: Neben dem Siegerkranz winkten ihnen Gratismahlzeiten, Steuerfreiheit bis ans Lebensende und viel Geld.

Alle vier Jahre – der Zeitraum zwischen den Spielen heißt Olympiade – trafen sich Athleten aus allen Teilen Griechenlands und später aus dem Römischen Reich zum Wettstreit. Während der fünf Tage dauernden Spiele durften keine Kriege geführt werden. Die Wettbewerbe selbst verliefen aber keineswegs immer gewaltlos: So waren beim Allkampf »Pankration« Würgen, Beißen und Augeneindrücken erlaubt. Die Athleten mussten nackt *(gymnos)* antreten, angeblich, weil sich einmal eine Frau unter die Sportler geschlichen hatte. Frauen war die Teilnahme untersagt, sie durften nicht einmal zusehen. Der römische Kaiser Theodosius I. verbot die Spiele 393 n. Chr. als heidnischen Kult, Erdbeben und Überschwemmungen verschütteten das Gelände. Nachdem es Ende des 19. Jhs. freigelegt worden war, initiierte Baron Pierre de Coubertin die Olympischen Spiele der Neuzeit. Interessant nicht nur für Sportfans: Das ****Museum of the Olympic Games** im Dorf Olympia zeigt Medaillen, Plakate und Siegerlisten von 1896 bis heute (tgl. 8–15.30 Uhr, Tel. 26 24 02 25 44).

mithilfe eines Parabolspiegels entzündet wird.

Im Mittelsaal des ****Archäologischen Museums** sind die imposanten Giebel des Zeustempels ausgestellt: Der Ostgiebel zeigt das olympische Wagenrennen, das Pelops durch Manipulation gewann, wodurch er zum Herrscher und Namensgeber des Peloponnes wurde. Im Westgiebel ist der Kampf zwischen Kentauren und Lapithen dargestellt, dazwischen bemüht sich Apollon, den Streit zu schlichten. Eine Augenweide ist auch der Hermes des Praxiteles aus dem 4. Jh. v. Chr. (Im Sommer Gelände tgl. 8–19.30 Uhr; Museum Mo 12.30–19.30, Di–So 8–19.30 Uhr; im Winter beide 8.30–15 Uhr. Tel. 26 24 02 25 17, Museum: Tel. 26 24 02 27 42.)

Verkehr

- **Busverbindungen:** Tripoli, Pirgos, Patras, Korinth, Athen
- **Bahnverbindungen:** Pirgos, Patras, Korinth, Athen, Kalamata

Hotels

- **Europa**

Drouva 1][27065 Olympia
Tel. 26 24 02 26 50
www.hoteleuropa.gr
Sehr großes, komfortables Hotel auf einem Hügel oberhalb des Dorfes, Zimmer mit Marmorbädern, Schwimmbad, Restaurant und Bar. ●●●

- **Ilis**

Prax. Kondili 39][27065 Olympia
Tel. 26 24 02 25 47
www.olympiahotels.gr
Recht laut, dafür aber zentral. Moderne Zimmer mit TV, Restaurant. ●●

Karte Seite 86

Restaurants

Im Zentrum von Oympia befinden sich zahlreiche Tavernen und Cafés.

Buch-Tipp Unterhaltsam und sehr informativ präsentiert das Hörspiel »Die Olympischen Spiele« aus der »Was ist Was«-Reihe Fakten aus der Welt des Sports und der Kultur der alten Griechen (für Schulkinder). Auch als Buch erschienen bei Tessloff Verlag, Nürnberg 2008.

Arkadien

Mit dieser gebirgigen Region im Innern des Peloponnes lernen Sie ein unbekanntes Stück Griechenland kennen. Die sprichwörtliche Idylle war das Zuhause des Gottes Pan, hier spielte er Flöte und vergnügte sich mit den Nymphen. Nur wenige Touristen besuchen die beschaulichen und noch immer recht ursprünglichen Bergdörfer, in denen – wie es scheint – die Zeit stehen geblieben ist.

Lagadia 4

Das Dorf der Baumeister und Steinmetze bietet gute Übernachtungsmöglichkeiten. Seine mehrstöckigen herrschaftlichen Natursteinhäuser stehen an einer steilen Felswand. **Die schmale Aussichtsterrasse** über der tief eingeschnittenen Schlucht ist ein beliebter Treffpunkt.

cht gut!

**Dimitsana 5

Die Natursteinhäuser des Hirtendorfs mit ihren roten Ziegeldächern und Holzbalkonen liegen

Hermes des Praxiteles, Olympia

hoch oben auf einer Bergkuppe, unten in der grünen Schlucht rauscht ein Bach.

Bei einem Spaziergang durch die kopfsteingepflasterten Gassen werden Sie bröckelnde Mauern und längst aufgegebene Geschäfte entdecken, deren rostige Rollläden schief herunterhängen und im Wind klappern. Nach und nach werden jedoch die wackligen Häuser wieder in Schuss gebracht.

Die Suche nach Arbeit hat viele der ursprünglichen Einwohner von hier fortgetrieben, aber die meisten kehren am Wochenende und in den Sommerferien in ihr Dorf zurück.

Exil-Dimitsaner haben sich zusammengeschlossen und erreicht, dass der Ort unter Denkmalschutz steht, denn Dimitsana hat Geschichte geschrieben: Während der türkischen Besatzungszeit auf dem Peloponnes wurden dort in geheimen Schulen weiter die griechische Sprache und Geschichte gelehrt. Eine Wanderung (von etwa 6 Stunden) kann man **auf einem markierten Maultierpfad durch die romantische Lousios-Schlucht** unternehmen.

Echt gut!

Vitina 6

In dem Luftkurort in 1000 m Höhe lässt es sich auch im heißen Sommer sehr gut aushalten. Vitina ist für seine traditionsreiche Holzschnitzerei bekannt. Beim Besuch der Dorfkirche beeindruckt, mit welcher Kunstfertigkeit das Chorgestühl, die Gebetsbänke und die Altäre einst gearbeitet wurden.

Hotels

Mainalon Art
22010 Vitina
Tel. 27 95 02 22 17
www.artmainalon.gr
Ruhig, mit wechselnden Kunstausstellungen. 41 gut ausgestattete Zimmer. Im herrlichen Garten sitzt man unter Maulbeerbäumen. ●●●

Lagadia Resort
22003 Lagadia
Tel. 27 95 04 32 21
www.lagadiaresort.gr
Traditionelles und modernes Design nebeneinander schaffen ein interessantes Flair. Zimmer mit herrlicher Aussicht auf die Schlucht. ●●●

Restaurants

Aidonia
Die Taverne in Vitina tischt deftige Hausmannskost auf: selbst gemachte Pasta mit geschmortem Rind- oder Lammfleisch, dazu wird Kokineli-Wein vom Fass ausgeschenkt. ●

Maniatis
Lagadia
In der Taverne neben dem Hotel werden Aufläufe und Lammgerichte zubereitet. **Die Gäste sitzen unter einer riesigen Platane.** ●

Echt gut!

Shopping

Lagadia: Landwein, Kräuter, Honig, Käse und eingelegte Früchte verkauft der Laden an der Straße. Im Nachbarort **Lefkohori** gibt es bunte Webteppiche zu kaufen.

Vitina: In den Läden um den Kirchplatz werden Schnitzarbeiten, wie Hirtenstäbe und Salatbesteck, angeboten.

*Kalavrita 7

Im Dorf **Diakofto** startet die historische Zahnradbahn › S. 56 zu ihrer Fahrt durch eine enge Schlucht hinauf nach Kalavrita. Das im Frühsommer von schneebedeckten Bergen umgebene Dorf war im Zweiten Weltkrieg Schauplatz eines entsetzlichen Massakers. Als Vergeltung für eine Partisanenaktion trieben deutsche Soldaten am 13. Dezember 1943 alle männlichen Bewohner des Ortes, vom Teenager bis zum Greis, auf einem Platz zusammen und erschossen sie. Oberhalb des Dorfes (Schilder: »Site of the execution«) erinnert eine Gedenkstätte an die Opfer.

Kanal von Korinth 8

Der berühmte Kanal trennt den Peloponnes vom Festland. Von der Brücke in 70 m Höhe blickt man direkt auf die enge, 6,3 km lange und 23 m breite Schneise und das tiefblaue Wasser darin hinab. Der Durchstich gelang 1893. Inzwischen ist der Isthmus eine Sehenswürdigkeit und ein gutes Fotomotiv, besonders wenn ein Schiff darin fährt.

**Alt-Korinth 9

Während das moderne Korinth keinen Besuch lohnt, sind die Ruinen von Alt-Korinth *(Archea Korinthos)*, überragt vom Burgberg Akrokorinth, umso interessanter. Die alte blühende Handelsstadt wurde von den Römern zerstört und von Caesar wieder aufgebaut, sodass die heute sichtbaren Ruinen ausschließlich römisch sind.

Auf der **Agora,** dem alten Marktplatz, erkennt man noch die Grundrisse der Säulenhallen und die Gewölbe der Ladenreihen. Gut erhalten sind das Pflaster der **Lechaion-Straße** und die Reste der **Peirene-Quelle.** Die **Rednertribüne,** von der aus der Apostel Paulus zum Volk sprach, besteht nur noch aus dem Sockel. In Korinth wurde die Liebesgöttin Aphrodite verehrt, und die Tempelprostitution war verbreitet.

Zu den wenigen aufrecht stehenden Säulen gehören die sieben des griechischen **Apollontempels** aus dem 6. Jh. v. Chr. Diese dorischen Säulen wurden jede **aus einem Stein gehauen,** also nicht wie üblich aus mehreren Trommeln zusammengesetzt. Im **Museum** auf dem Ausgrabungsgelän-

Echt gut!

Ausgrabungen von Alt-Korinth

Karte Seite 86

Mykene: Löwentor

de sieht man sich natürlich die korinthischen Vasen und die mit Akanthusblättern geschmückten »korinthischen« Kapitelle an.

!! Das Ruinenfeld ist unübersichtlich. Fragen Sie am Eingang nach dem Plan. Öffnungszeiten Museum und Ausgrabungen: April–Okt. tgl. 8–19 Uhr, sonst nur 8.30–15 Uhr.

**Akrokorinth

Schäfer weiden ihre Tiere zwischen Tempel und Burgberg, auf dessen Kamm, weit oberhalb der Ausgrabungen, die Burganlage Akrokorinth thront. Wer den langen Fußweg scheut, der kann ein Taxi nehmen. Zunächst geht es durch ein hohes Tor aus der Frankenzeit. Der wehrhafte Mauerring dahinter ist byzantinisch-venezianischen Ursprungs. Im Kern der Festung steht byzantinisches Mauerwerk; die Fundamente stammen aber zum Teil von antiken Bauten aus dem 4. Jh. v. Chr. **Über die umliegende Hügellandschaft hinweg blickt man bis zum Golf von Korinth.** Echt gut

5 ***Mykene 10

Inmitten der Argolishügel erhebt sich aus mächtigen Quadern zusammengesetzt nahe des gleichnamigen modernen Dorfes die Burg von Mykene. Die Mauern sind so gewaltig, dass man in der Antike glaubte, Perseus, der Sohn des Zeus, habe sie nur mithilfe der Zyklopen errichten können. 1600 bis 1150 v. Chr. war Mykene die führende Macht auf dem Peloponnes. Der Archäologe Heinrich Schliemann las bei Homer von König Agamemnon und seinem Heer im Kampf um Troja. Nur der Beschreibung Homers folgend, gelang ihm das Unglaubliche. 1876 entdeckte er – vermeintlich – die letzte Ruhestätte des mykenischen Königs. Inzwischen ist erwiesen, dass es sogar das Grab eines noch älteren Königs war.

Burgrundgang

Haupteingang der Burg ist **das berühmte Löwentor.** Echt gut Es wird geziert von der ältesten Großplastik Europas, die um 1250 v. Chr. aus einem Stein gemeißelt wurde: Zwei Löwen stehen aufrecht über dem Tor. Ihre Köpfe fehlen, vermutlich waren sie aus Bronze.

Rechts hinter dem Tor liegen die **Gräber,** aus denen Schliemann rund 15 kg Gold barg. Der Schatz mit der goldenen Maske gehört zu den Kostbarkeiten des Archäologischen Nationalmuseums von Athen › S. 48. Eine breite Rampe führt vom **Löwentor** an den Gräbern vorbei zu den Überresten des **Königspalastes.** Mit viel Fantasie kann man Empfangsraum und Thronsaal erkennen.

Schatzhaus des Atreus

Unterhalb des Burghügels, an der Straße zurück ins Dorf, liegt das Schatzhaus des Atreus, ein großes Kuppelgrab. Ein breiter Weg, *Dromos* genannt, führt ins Innere. Im Halbdunkel ist gerade noch die enorme Kuppel auszumachen. Unter ihrem gewölbten Dach hat man den Eindruck, im Inneren eines riesigen Bienenkorbs zu stehen, was auf die besonders raffinierte Bauweise dieses frühen Kuppelbaus zurückzuführen ist: Die Achäer ließen von den Steinringen des Daches immer den höheren und kleineren Ring ein bisschen über den unteren und größeren herausragen. So stützen die Steinringe sich gegenseitig ab.

Info

April–Okt. tgl. Mo 12–19.30 Uhr, Di–So 8–19.30 Uhr; sonst 8.30–15 Uhr. Die Tickets sind auch für das Schatzhaus gültig.

Verkehr

- **Bahnverbindungen:** Nach Korinth, Bhf. 2 km von Mykene
- **Busse:** Athen, Nafplio, Argos

Hotels

- **La Petite Planète**

  Christou Tsounta
  21200 Mykene
  Tel. 27 51 07 62 40
  www.petite-planet.gr
  Hübsches Hotel mit Schwimmbad, moderne Ausstattung. Außerhalb des Ortes mit schönem Blick auf den Burghügel. ●●

- **Belle Helene**

  Christou Tsounta 15
  21200 Mykene
  Tel. 27 51 07 62 25
  In dem 1862 errichteten Haus voller nostalgischer Erinnerungsstücke können Sie **übernachten wie einst Heinrich Schliemann.** Es ist sehr einfach ausgestattet. ●

Echt gut!

***Epidavros 11

In der Antike war dies der berühmteste Kurort der Welt. Heute kommt man aber vor allem des einzigartigen, fast vollständig erhaltenen Theaters wegen.

6 Die Originalränge aus dem 4. Jh. bieten immer noch 12000 Besuchern Platz, und sie sind während der **Festspiele** von Juli bis September fast immer ausverkauft. Die Akustik des Theaters ist wirklich erstaunlich: Bis zum obersten Rang hinauf können Sie eine Münze hören, die tief unten in der runden Orchestra auf den Marmorboden fällt.

Im anschließenden eigentlichen Kultbezirk geben die ursprünglich sechs konzentrischen Grundmauern des Asklepiontempels Rätsel auf. War der Rundbau

Epidavros: Antikes Theater

ein Wasserreservoir, oder wurden darin Schlangen, die heiligen Tiere des Asklepios, gehalten? Im sich anschließenden **Abaton,** einer Säulenhalle, schliefen die Kranken. Ihre Träume erzählten sie Priestern, die daraus auf geeignete Heilmethoden schlossen. Auch die Theateraufführungen dienten der Heilung, sie sollten die Patienten von ihren Beschwerden ablenken. Im **Museum** sind Statuen des Gottes Asklepios, auch als Äskulap bekannt, ausgestellt. Sie zeigen ihn mit dem Äskulapstab, um den sich eine Schlange windet, bis heute das Symbol der Ärzteschaft.

*Palea Epidavros

15 km entfernt vom antiken Epidavros liegt Palea Epidavros, ein hübsches Dorf am Saronischen Golf. Im Sommer finden im Amphitheater aus der Zeit Alexanders des Großen, das am Ortsrand liegt, Konzerte und Theateraufführungen statt. Ein schmaler Strand lockt zum Baden.

Info

Karten zu den Festspielen von Epidavros sind in Athen (Festspielkasse, Panepistimiou 39 › S. 46) sowie in einigen Reisebüros von Nafplio › S. 98 und am Theater selbst erhältlich.
Programm und Reservierung s. auch **www.greekfestival.gr.**
Museum und Theater sind tgl. 8 bis 19.30 Uhr geöffnet, Okt.–März 8.30 bis 15 Uhr, **www.culture.gr.**

Verkehr

Busverbindung: Athen, Korinth, Nafplio

Hotel

Christina
Palea Epidavros
Tel. 27 53 04 14 51
21059 Argolida
www.christinahotel.gr
Schlichte Zimmer mit Klimaanlage. Balkone mit Blick über den Hafen. ●●

Restaurant

Poseidon
Palea Epidavros
Tel. 27 53 04 12 11
Die Tische der Taverne stehen direkt am Hafenbecken. Es gibt frischen Fisch und frittierte Tintenfischlein. ●●

**Nafplio 12

Nicht mehr so bedeutend wie einst, aber ein Städtchen voller Atmosphäre – und mit Vergangenheit: Im Jahr 1830 wurde Nafplio zur Hauptstadt des von den Türken befreiten Griechenland erklärt. Heute ist Nafplio Hauptort der Provinz Argolis. König Otto I. regierte hier, bevor er 1834 Athen zur Hauptstadt erhob.

Nafplios Altstadt lockt mit klassizistischen Fassaden und türkischen Moscheen zu einem Bummel. Die große Moschee am marmorgepflasterten Hauptplatz, der **Platia Sintagmatos,** war der Versammlungsort für Griechenlands erste Volksvertretung.

Die nahe venezianische Kaserne birgt ein archäologisches Museum, dessen Prunkstück eine mykenische Bronzerüstung ist (Sommer tgl. 8–19 Uhr, Winter 8.30–15 Uhr, Tel. 27 52 02 75 02). Erholung bieten die Cafés am Hafen, wo eine Brise für angenehme Temperaturen sorgt.

Gleich gegenüber liegt in der Bucht von Nafplio das winzige Festungsinselchen **Bourdzi.** Bereits im 15. Jh. bauten die Venezianer auf der Insel in der Hafeneinfahrt ein Kastell. Der eckige Turm, der das Inselchen wie ein Schiff aussehen lässt, kam erst später dazu.

Die beiden mittelalterlichen Festungen über der Stadt stammen ebenfalls von den Venezianern, die Nafplio vom 14. bis zum 16. Jh. beherrschten. Die Burg **Akronafplia** wurde auf byzantinischen Mauerresten errichtet.

Hoch über der Stadt thront die **Festung *Palamidi.** Über den Ort Pronia ist die Burg mit dem Auto zu erreichen, aber nur wer die 1000 Stufen zu Fuß hinaufgestiegen ist, der weiß den **Ausblick über Nafplio, das Meer und die Berge der Argolis** richtig zu schätzen. Wegen der Mittagshitze sollte man den Aufstieg morgens beginnen. Die Befestigungsanlage wurde Anfang des 18. Jhs. von den Venezianern mit einer gewaltigen Mauer umgeben.

Echt gut!

Komboloi-Museum

Wussten Sie, dass das griechische Komboloi im Gegensatz zu seinem Vorbild, der muslimischen Gebetskette, keinerlei religiöse Bedeutung hat? Überall werden Sie Männer sehen, die mit diesen Perlenkettchen spielen. Im originellen Museum in Nafplios Altstadt (Staikopoulou 25) erfahren Sie zudem etwas über hinduistische Gebetsketten aus dem 6. Jh. v. Chr. und über katholische Rosenkränze.

Info

Informationsbüro an der Platia Iatrou, Tel. 27 52 02 44 44

Verkehr

- **Busverbindungen:** Korinth, Athen, Epidavros, Mykene, Tolo
- **Schiffsverbindungen:** ab Tolo Fähren nach Spetses, Idra, Poros (von Juni bis September)

Hotels

- **Omorfi Poli**

Sofroni 5][21100 Nafplio
Tel. 27 52 02 15 65
www.omorfipoli-pension.com
Familienzimmer für 5 Pers., Apartment für 8 Pers. Außerhalb Nafplios gelegen; die Inhaberin ist Deutsche. Sondertarife s. Internetseite. ●●

- **Agamemnon**

Akti Miaouli 3][21100 Nafplio
Tel. 27 52 02 80 21
www.nafplioagamemnon.gr

Von Mistras, im Mittelalter die bedeutendste Stadt auf dem Peloponnes,

40 einfach ausgestattete Zimmer mit Klimaanlage, von einigen Zimmern hat man einen schönen Blick auf das Inselchen Bourdzi. ●●

■ King Othon I
Farmakopoulou 4
21100 Nafplio
Tel. 27 52 02 75 85
www.kingothon.gr
Nostalgisches Ambiente in einem der ältesten klassizistischen Häuser von Nafplio, mit Frühstücksgarten. ●●

Restaurants

Das Angebot an Tavernen ist in den kleinen Gassen und am Hafen groß. An der Hafenpromenade finden Sie eine Reihe von Tavernen, die eine tolle Sicht auf das Inselchen Bourdzi bieten. Im Sommer herrscht hier allerdings großer Andrang.

Tolo 13

In der Umgebung des Ferienortes, 10 km östlich von Nafplio an einer türkisfarbenen Bucht, finden Sie alles Nötige für einen Strandurlaub – von gepflegten Hotels bis zu diversen Wassersportmöglichkeiten. An Tavernen und Diskotheken herrscht kein Mangel.

Hotel

Bungalows Phaistos/Minoa Hotel
56 Aktis
21056 Tolo
Tel. 27 52 05 92 07
www.minoanhotels.gr
Bungalow-Anlage am Hang über Tolo, **schöner Blick über Dorf und Bucht.** Echt gut
In Strandnähe, mit Küche und Klimaanlage. ●●

sind nur Ruinen geblieben

7 **Mistras 14

Die byzantinische Ruinenstadt liegt auf einem Ausläufer des **Taigetos Gebirges** hoch über der fruchtbaren Ebene des Flusses Evrotas. Der fränkische Kreuzritter Villehardouin ließ dort 1249 eine Festung errichten. Nachdem die Byzantiner 1265 Mistras erobert hatten, entstand unterhalb des Felsens ein Zentrum höfischer byzantinischer Kultur. Die hoch entwickelte Stadt wurde 1460 von den einfallenden Türken zerstört.

Die Ruinen vermitteln ebenso wie das Museum im ehemaligen Bischofspalais einen guten Eindruck von der einstigen Pracht. In der Unterstadt fallen die renovierten Kirchen auf, von denen die **Afendiko** (um 1310) mit ihren fünf Kuppeln die größte ist.

Die besterhaltenen Fresken findet man im **Peribleptos-Kloster** (14. Jh.). Im **Pantanassa-Kloster** (15. Jh.), dessen Wände gotische Bögen schmücken, leben noch Nonnen. Die Oberstadt wird vom **Despotenpalast** beherrscht.

Öffnungszeiten: April–Okt. tgl. 8–19.30 Uhr, sonst tgl. 8.30 bis 15 Uhr, Tel. 27 31 08 33 77.

Info

Touristenpolizei Sparta:
Tel. 27 31 08 95 80

Verkehr

Busverbindungen: nach Sparta, ab dort nach Githio, Monemvasia, Tripoli, Athen

Hotel

Byzantion
23100 Mistras
Tel. 27 31 08 33 09
www.byzantionhotel.gr
Familiäres Haus mit 26 Zimmern, alle mit TV und Klimaanlage, kleiner Pool im Garten. Die Lage – **nahe bei den Ruinen** – ist sehr günstig und beschert einen tollen Blick. ●●

Echt gut!

*Githio 15

Bunte Fischkutter dümpeln im kleinen Hafen, darüber ziehen sich die Häuser den Hang hinauf – so sieht die stimmungsvolle Kulisse für ein Essen in einer der Fischtavernen aus. Das Inselchen **Marathonisi,** das durch einen Damm mit dem Festland von Githio verbunden ist, soll das antike Kranai gewesen sein. Der Sage nach haben Paris und die von ihm entführte schöne Helena dort ihre erste Liebesnacht verbracht. In der Abendstimmung liegt Romantik in der Luft, mit einem Fläschchen Wein unter dem Arm sucht man sich ein hübsches Plätzchen und genießt die Atmosphäre.

Info

www.gythio.net

Verkehr

- **Busverbindungen:** Areopoli, Pirgos Dirou, Gerolimenas, Monemvasia, Sparta, Tripoli, Athen
- **Schiffsverbindungen:** Kithira, Piräus

Hotels

- **Aktaion Resort**

Vass. Pavlou 15
Selinitsa Beach
23200 Githio
Tel. 27 33 02 91 14
www.aktaion-resort.com
Hotel im traditionellen Baustil in Strandnähe, mit Kinderpool und Familienzimmern sowie Bungalows für zwei Personen. ●●

- **Githion**

Vassileos Pavlou 33
23200 Githio
Tel. 27 33 02 34 52
www.gythionhotel.gr
Traditionshaus von 1864 mit Zimmern und Apartments, alle mit Meerblick, TV und Klimaanlage. ●●

Restaurants

Die **Tavernen am Hafen** von Githio bieten vorzügliche Kalamaria und gegrillten Oktopus. ●●

Monemvasia, Oberstadt

Ausflüge ab Githio

Nach *Monemvasia 16

Nehmen Sie sich für die 72 km einen ganzen Tag Zeit und starten Sie früh. Bei Skala geht die Straße ab zur Burgstadt Monemvasia. Im Mittelalter war sie ein wichtiger Hafen und Stützpunkt an der Route von Italien nach Afrika und Konstantinopel. Ihr Name leitet sich von *moni emvasi* her, »einziger Zugang«. Am Fuße eines gewaltigen Felsens erstreckt sich die **Unterstadt.** In den Gassen entdeckt man zwischen byzantinischen Kirchen und venezianischen Höfen einladende Tavernen und Cafés. Die **Oberstadt** lockt mit einer wahrlich **spektakulären Aussicht** auf Monemvasias Dächer und das Meer. Echt gut

Auf die **Mani

Githio ist Ausgangspunkt für einen ein- oder mehrtägigen Ausflug auf die Mani, die mittlere Landzunge des Peloponnes. Quer über die Halbinsel geht es in Richtung Areopoli, vorbei am Strand von **Mavrovouni,** einem ausgezeichneten Surfrevier mit guten Campingplätzen und Tavernen. Plötzlich tauchen erst vereinzelt, dann im Dutzend eng beieinander stehend die wehrhaften Wohntürme auf. In ihnen verschanzten sich die maniotischen Familien bei Feindseligkeiten. Viele der Türme aus dem 17. bis 19. Jh. werden restauriert, besonders wohnliche stehen in **Areopoli** und ****Vathia** **17**, wo einige **zu Hotels umgebaut** wurden (Info: EOT › S. 138). Vathia ist in seiner Geschlossenheit eines der schönsten maniotischen Dörfer.

Im Süden wird die Landschaft immer karger, und schließlich reckt sich nur noch der nackte Felsen aus dem Meer. Am **Kap Tenaro** (auch Matapan) **18** hat man den nach Gibraltar zweitsüdlichsten Punkt des europäischen Festlands erreicht.

In **Thalames** **19**, 25 km nördlich von Areopoli, wurde ein **Mani-Museum** eingerichtet (Sommer tgl. 8.30–15 Uhr).

Auf der Mani lohnt der Besuch der **Höhlen von **Pirgos Dirou** **20**. Der See unter dem porösen Kalkboden entstand durch Sickerwasser. Mit dem Ruderboot gleitet man durch Grotten und Säle. Rote und gelbe Tropfsteine spiegeln sich im Wasser (Juni bis Sept. tgl. 8.30–17.30, sonst bis 15 Uhr, Tel. 27 33 05 22 22).

Zauberhafte Höhlen: Pirgos Dirou

Hotel

Pirgos Kapetanakos
23062 Areopoli
Tel. 27 33 05 12 33
Http://mani-hotel.com/index.htm
Der Wohnturm wurde 1865 errichtet. Die Gästezimmer sind mit alten griechischen Möbeln ausgestattet. ●●

Clans und Fehden

Höher und höher bauten die kriegerischen Manioten ihre Burgen, um dem Nachbarn mit der Steinschleuder eins aufs Dach geben zu können. Die Trutztürme sind Zeugnisse dramatischer, Generationen überdauernder Familienfehden. Es ging um Land, Wasser, Ehre und schöne Frauen. Diese durften sich allerdings ungestört zwischen den Fronten bewegen: um die Ernte einzuholen und für Munitionsnachschub. Die letzten Fehden wurden erst Ende des 19. Jhs. beigelegt.

Die Ägäischen Inseln

Nicht verpassen!

- Bummeln Sie am frühen Abend am Hafen von Mikonos und genießen Sie die wechselnden Farben des Lichts
- Suchen Sie in der Festungsmauer von Parikia auf Paros die antiken Säulentrommeln
- Schauen Sie sich die venezianischen Portale im Kastro-Viertel auf Naxos an
- Essen Sie in den Tavernen beim Alefkandra-Platz auf Mikonos – die Aussicht ist den Preis wert
- Genießen Sie in Thira in einer Bar mit Sicht auf die Caldera den Sonnenuntergang

Zur Orientierung

Kykladen heißt die Inselgruppe, die sich gleich einem Kreis, griechisch *kyklos*, um **Delos** gruppiert. Das berühmte Licht der Ägäis, blendendweiße Gassen, blaue Türen und Fensterläden – traumhafte Bilder von Griechenland bieten sich an jeder Ecke!

Sehr beliebt ist das sanft hügelige **Paros.** Im Inselnorden genießen Sie Kykladenambiente mit Niveau in Naoussa, einem zauberhaften Hafenstädtchen, das mondänes, schickes Publikum anzieht. An der Ostküste lässt es sich gut surfen, v.a. bei Chrissi Akti.

Auch **Naxos,** die größte Kykladeninsel, ist ein Surferparadies; entlang der Westküste zieht sich ein Band langer Strände. Im Inselinnern, bei den Olivenhainen der Tragea-Ebene, entdecken Sie in den Kirchen Kostbarkeiten.

Sportlich geht es auch auf **Mikonos** zu, an dessen Südküste sich ein Strand an den anderen reiht; Surfer kommen am Tag groß raus, Tänzer in der Nacht, die eine einzige Party ist. Mikonos-Stadt halten viele für die Schönheitskönigin der Ägäis.

Bildschön ist auch die Insel **Santorin.** Der Blick vom hoch am Kraterrand gelegenenen **Thira** auf die Caldera ist grandios. Im kleinen **Ia** ganz im Norden trifft man sich zum Sonnenuntergang.

Blau und Weiß sind die Farben der Ägäischen Inseln – hier Santorin

Zum Baden geht es an die Ostküste: **Kamari** und **Perissa** locken mit Lavastränden.

Griechenland hat freilich noch viel mehr Inseln als die Kykladen. Drei der reizvollsten liegen unmittelbar vor der türkischen Küste: **Lesbos, Chios** und **Samos.** Auf allen dreien ist noch viel griechische Ursprünglichkeit zu finden, der Tourismus hat sie bisher nur ganz am Rand erfasst.

Tour in der Region

Inseln im Kreis

(12) Paros › Naxos › Mikonos › Santorin

Länge: 9–12 Tage
Praktische Hinweise: Den Startpunkt Paros erreichen Sie am besten via Athen und Piräus. Alle Inseln können in der vorgeschlagenen Reihenfolge mit Highspeeds oder Fähren bereist werden. Santorin ist als letzte Insel ein unvergesslicher Abschluss. Sie können aber auch frei kombinieren. Santorin und Mikonos werden von April bis Oktober von vielen Flughäfen Mitteleuropas aus direkt angeflogen, sodass z.B. auch ein Hinflug nach Mikonos und ein Rückflug von Santorin möglich sind.

Paros, Naxos, Mikonos und Santorin – diese Inselträume in Blau-Weiß gehören zu den fantastischsten Kykladeninseln. Wer gerne fotografiert, der kann hier ganze Motivreihen entdecken: von bunten Holztüren über Blumen vor weiß gekalkten Mauern bis zu üppig dekorierten Obstständen. Sie betreten ***Paros** › S. 106 und lernen gleich den unvergleichlichen Kykladenstil kennen: Überall leuchtet es so weiß, dass Sie wie in einem Meer aus Licht baden. Reisen Sie zum kulissenhaft schicken **Naoussa** › S. 107 und zum ruhigeren **Lefkes** › S. 107 im Inselinnern. Wanderer haben auf ****Naxos** › S. 109 die Chance, den höchsten Berg der Kykladen, den Zas, zu besteigen und eine andere Seite der Kykladen zu erforschen. In der **Tragea-Ebene** › S. 110 unter Olivenbäumen zu rasten und dem Säuseln der Blätter zu lauschen, ist Entspannung pur. Action gibt es noch genug, beim Kitesurfen oder Mountainbiking. Das macht fit für ****Mikonos** › S. 110. Denn hier wird die Nacht durchgetanzt. An den Stränden Paradise und Super Paradise sind DJs die Stars. Die Fahrt nach *****Santorin** › S. 112 macht neugierig auf weitere Eindrücke. Die kommen geballt: In die Caldera von Santorin einzulaufen und die Steilwand des Kraters vor sich aufragen zu sehen, ist ein Erlebnis. Und die Sonnenuntergänge von **Ia** › S. 113 lassen Sie noch lange von Santorin träumen.

Unterwegs auf den Ägäischen Inseln

*Paros

Sanft erhebt sich Paros aus der Ägäis, umgeben von Sandstränden und Felsbuchten. Weiße Dörfer schmiegen sich an die Hänge, Terrassen gliedern die Hügel in braun-gelbe Felder, Windmühlen und Kapellen setzen Akzente. Zudem bietet die herbschöne Insel ihren Gäste eine Menge Möglichkeiten, sich zu unterhalten.

*Parikia 1

Parikia, auch Paros-Stadt, ist die lebhafte Inselmetropole. Die Promenade mit Tavernen und Cafés liegt nahe dem viel besuchten Strand. Sie ist nur am frühen Morgen ruhig; sobald die Fähren anlegen, stauen sich hier Urlauber, Taxis und Zimmervermieter. Parikia hat jedoch das Antlitz einer Idylle: Seine frisch gekalkten Würfelhäuser steigen zu der ehemaligen Akropolis hin an. Heute stehen auf dem Hügel die Befestigungsmauer und der Turm des **Kastells.** Die Venezianer setzten bei seinem Bau im Jahr 1260 Säulentrommeln und Marmorblöcke wie Backsteine aufeinander.

Ein kurzer Spaziergang führt zur Kirche ***Katapoliani,** einem seltenen Beispiel frühbyzantinischer Baukunst aus dem 6. Jh. (älteste Teile 4. Jh.). Das Baumaterial, der parische Marmor, galt schon in der Antike wegen seiner hohen Lichtdurchlässigkeit als besonders kostbar. In der Taufkapelle wurde ein kreuzförmiges Taufbecken in den Boden eingelassen. Die Kirchenglocken hängen in einer Zypresse, die im Innenhof als malerischer Glockenturm dient.

*Profitis Ilias

Im Inselinneren stößt man auf stille Landschaften. Vom Dorf **Lefkes** **2** gibt es schöne Wanderwege zum höchsten Berg, dem Profitis Ilias. Sein Gipfel mit Meeresblick liegt auf 771 m. Weite Terrassen gliedern die gelb-braune Landschaft, und weiße Kapellen setzen helle Akzente.

cht gut! **Geführte Radwanderungen** – inkl. Wanderungen zu Fuß – organisiert VeloTrek, Oberriethstr. 21a, 65187 Wiesbaden, Tel. 06 11/ 8 11 05 44, www.velotrek.de.

*Naoussa 3 und Kolimbithres 4

Das wird ein Tag! Naoussa im Norden der Insel ist einfach zauberhaft. Der idyllische Hafen gehört außerhalb der Saison den Fischern, die ihre Netze flicken. Dahinter beginnt ein Labyrinth aus schmalen Gassen und weißen Kykladenmauern. Nehmen Sie ein Fischerboot zum »Mondstrand« in der **Bucht von Kolimbithres.** Die Kulisse bilden bizarr geformte Granitblöcke. Vielleicht wollen Sie den Tag in einer der herrlich gelegenen, aber teuren Tavernen am Hafen von Naoussa oder mit einem Bummel durch die weißen Gassen ausklingen lassen.

Fischer im Hafen von Naoussa

Info

Touristenpolizei Parikia
Tel. 22 84 02 33 33
www. paros-online.com

Verkehr

- **Flugverbindung:** Athen
- **Schiffsverbindungen:** Piräus, Naxos, Thira, Mikonos; von Parikia oder Pounta nach Antiparos
- **Busverbindungen:** von Parikia nach Maradi, Lefkes, Naoussa, Pounta

Hotels

■ **Manto**
84401 Naoussa][Tel. 22 84 05 15 90
www.hotelmanto.com
Familiär geführtes Hotel im eleganten kykladischen Stil, 13 Zimmer, von der Sonnenterrasse Blick aufs Meer. ●●

■ **Nikolas**
84401 Parikia][Tel. 22 84 02 22 51
www.nikotel.gr
Direkt am Meer, Zimmer in Pastelltönen; Aussichtsterrasse, von der man den Sonnenuntergang genießt. ●●

Restaurants

■ **Taverne Christos**
Naoussa, am Hafen
Tel. 22 84 05 14 42
Der Chef sucht die Fische selbst auf dem Markt aus. ●●●

■ **Akrogiali**
Livadia/Parikia
Tel. 22 84 02 33 75
Etwa 200 m vom Hafen; Frühstück auf üppige Art mit griechischem Omelett, mittags Snacks. ●●

Ausflüge auf Paros

Nach Pisso Livadi 5

Einmal quer durch Paros: Von Parikia führt Ihr Weg nach **Maradi,** wo ein Nymphenrelief die nicht mehr zugänglichen Stollen für den parischen Marmor ziert. Vorbei an geschwungenen Hügeln gelangen Sie nach **Marpissa.** Die Aussicht auf die Ostküste ist Spitze. In den Buchten südlich von **Pisso Livadi** – besonders beliebt ist der wirklich goldene Sandstrand *Golden Beach* – können Sie baden und am Strand Kräfte für den Heimweg sammeln.

Nach Antiparos 6

Stechen Sie frühmorgens in See, mit dem Schiff fahren Sie von Parikia hinüber nach Antiparos (ca. 30 Min.). Vom Dorf Kastro bringt Sie ein Bus zur **Tropfsteinhöhle**

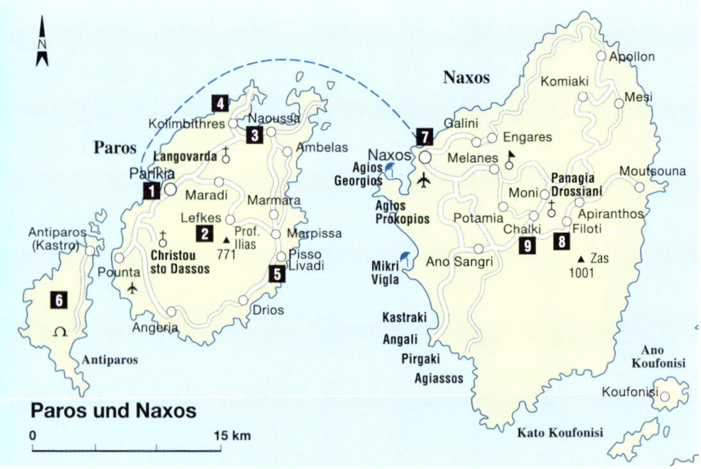

Karte Seite 108

Naxos' Wahrzeichen: das Tempelportal der Portara nahe dem Hafen

Agiou Ioannaou, der größten der Kykladen. Nach Ihrem Abstieg in die Unterwelt können Sie in Kastros Tavernen wieder Energie tanken oder sich am Strand aalen. Zurück nach Paros geht es wieder per Schiff.

**Naxos

Naxos präsentiert sich dank seiner Quellen grüner als die meisten Kykladeninseln. Der imposante Berg Zas überragt eine abwechslungsreiche Landschaft aus Feldern, Tälern und Hochebenen. Lernen Sie mehr als die berühmten Strände kennen und durchstreifen Sie die äußerst sehenswerte Insel.

*Naxos-Stadt 7

Echt gut!

Naxos-Stadt gleicht einem Labyrinth: **Verschlungene, teilweise überwölbte Gässchen** winden sich um den Burgberg. Im Viertel **Kastro** schmücken venezianische Familienwappen die alten Herrenhäuser. Ganz oben liegt hinter der katholischen **Kathedrale** (13. Jh.) das Archäologische Museum, einst eine Klosteranlage. Die Sammlung von Kykladenidolen ist absolut sehenswert. Diese **ausdrucksstarken Figuren,** die von 2600 bis 1600 v. Chr. aus Stein geschaffen und erstaunlich fein bearbeitet wurden, stellen Menschengestalten dar (Di–So 8.30–15 Uhr).

Echt gut!

Steht Ihnen der Sinn nach Romantik, dann sind Sie hier richtig: Vor Naxos-Stadt liegt auf der winzigen Halbinsel ***Palatia** ein riesiges Tempeltor, die Portara, das Wahrzeichen von Naxos. Der geplante Apollontempel dazu wurde nie gebaut. Das Tor (6. Jh. v. Chr.) verleiht den orangeroten Sonnenuntergängen einen ganz besonderen Rahmen.

Südlich der Stadt haben Sie die Wahl zwischen einer ganzen Reihe von Stränden.

Die Tragea-Ebene

In der Mitte der Insel schimmert die fruchtbare Hochebene Tragea im Grün der Olivenbäume. In **Filoti** **8** beginnt einer der Wege hinauf auf den Berg **Zas.** Vom Gipfel in 1001 m Höhe blicken Sie über die grüne Hochebene hinweg auf die verkarsteten Berge. Nach der schwierigen Besteigung – der Weg ist kaum markiert – locken die Strände der Westküste mit erfrischendem Nass.

Das Dorf **Chalki** **9** mitten in der Tragea-Ebene und geprägt von mittelalterlichen Wohntürmen, ist ein idealer Ausgangspunkt für einen etwa halbstündigen **Spaziergang zur ältesten Kirche von Naxos,** Panagia Drossiani. Ihre Fresken stammen aus dem 6. Jh., die Seitenkapellen wurden später angefügt.

Echt gut!

Info

- Infos zu Unterkünften: **www.naxos-holidays.gr**
- Touristenpolizei **in Mikonos: Tel. 22 85 02 21 00**

Verkehr

- Flugverbindung: Athen
- Schiffsverbindungen: Piräus, Paros, Thira, Mikonos
- Busverbindungen: von Naxos-Stadt nach Chalki, Filoti

Hotels

- Barbouni
84300 Naxos
Tel. 22 85 02 44 00
www.barbouni-hotel.com
Familiäres Haus nahe der Platia, Zimmer mit Klimaanlage, Kühlschrank. ●●

- Grotta
84300 Naxos
Tel. 22 85 02 22 15
www.hotelgrotta.gr
Fantastische Lage hoch über dem Meer, sympathischer Familienbetrieb, Räume mit Sinn für Kunst möbliert. ●●

Restaurant

To Kastro
Platia Braduna
In der Oberstadt nahe beim Südtor. Beliebte Psisteria für Grillgerichte. ●●

Sport

Beim stadtnahen Agios-Georgios-Strand sind Wassersportler in ihrem Element. Ein breites Angebot macht der Flisvos-Sportclub mit Surfen und Segeln, aber auch Mountainbiking und Beachvolleyball; deutschsprachig.
Info: **Tel. 22 85 02 43 08, www.flisvos-sportclub.com.**
Zum Kitesurfen fährt der Sportclub nach **Mikri Vigla**, 18 km südl., Rezeption im Hotel Orkos Beach, **www.flisvos-kitecentre.com.**

**Mikonos

Mikonos ist eine Symbiose aus kykladischer Architektur und der Farbe Weiß. Seine Eleganz zieht schon seit vielen Jahren ein sehr finanzkräftiges Publikum an. Die Insel ist winzig, aber ihr Lifestyle setzt weltweit Trends.

**Mikonos-Stadt

Der Name steht für ein Kykladenstädtchen wie aus dem Bilderbuch. Bunte Fischerboote dümpeln im Hafen, weiße Häuser formen enge Gassen, und von den runden Windmühlen fällt der Blick des Betrachters auf eine Häuserzeile, die ein wenig an Venedig erinnert und auch so heißt. Ihre mit Holzbalkonen geschmückten Mauern scheinen direkt aus den Wellen zu wachsen.

Am **Alefkandra-Platz** haben Maler ihre Staffeleien aufgebaut. Vervollständigt wird das Kykladenambiente durch die aus dem 16./17. Jh. stammende ***Paraportiani-Kirche** mit ihrer wundersamen Architektur. Mehrere Kapellen bilden eine winkelreiche Fassade. Der Sommer lockt viele Gäste in das fast kitschig schöne Städtchen, wo die Nächte durchgetanzt werden.

Strände

An der Südküste gibt es zahlreiche Strände. Der von **Plati Gialo** geht besonders flach ins Meer hinein. Hier werden im Sommer Tauchkurse angeboten. Am **Psarou-Strand** befinden sich mehrere Surfschulen und Kanuverleiher. Das Wasserskilaufen kann man am **Paradise-Strand** üben, wo übrigens die meisten Besucher nackt baden. Der Strand **Super Paradise** gilt seit vielen Jahren als Treffpunkt von Homosexuellen.

Eine deutschsprachige Surfstation befindet sich am **Kalafati-Strand,** und zwar: Planet Windsurfing, 86400 Mikonos, Kalafati Beach, Tel. 69 45 24 39 28, www.mykonos-diving.com. Die Strände sind mit Bussen oder Booten bequem zu erreichen.

Info

In Mikonos-Stadt bei der Touristenpolizei (am Hafen), **Tel. 22 89 02 24 82, www.mykonos-web.com**

Verkehr

- **Flugverbindungen:** Athen, im Sommer auch Santorin
- **Schiffsverbindungen:** Piräus, Paros, Naxos, Santorin

Hotels

- **Anastassios-Sevasti**
84600 Mikonos
Tel. 22 89 02 35 50
www.anastassiossevasti.com
Gepflegte Pension in der Stadt, im Kykladen-Stil, Pool vorhanden. ●●●
- **Elena**
84600 Mikonos
Tel. 22 89 02 34 57
info@elena-hotel.gr
Zentrumsnah gelegenes Hotel in typisch kykladischem Blau-Weiß, familiäre Atmosphäre. 28 Zimmer, die meisten davon mit schöner Aussicht, Frühstücksterrasse. ●●

Glockenturm in Ia auf Santorin

Restaurant

Philippi
Tel. 22 89 02 33 82
In Mikonos-Stadt. Auf der Speisekarte stehen auch Spezialitäten der Insel, schöner Garten. ●●

Ausflug nach Delos

Lust auf eine Brise frischen Seewinds und eine hübsche Portion Kultur? Ein Trip nach **Delos,** der Nachbarinsel von Mikonos, bringt beides, denn die Geburtsinsel der Götterzwillinge Apollon und Artemis war im 5. Jh. v. Chr. reich, mächtig und Sitz des großen Apollonheiligtums. Schauen Sie (Echt gut!) sich die **berühmte Löwenterrasse** an, schlendern Sie durch die Häuserreste der alten Stadt und entdecken Sie auf einem tollen Mosaik, wie Dionysos auf dem Panther reitet. Großartig ist an klaren Tagen **die Aussicht vom Kynthos-Hügel** (Echt gut!) über die Kykladen: Naxos, Siros, Tinos und Mikonos leuchten im Licht der Ägäis. Die Schiffe legen ab 9 Uhr ab; die Überfahrt dauert 40 Minuten.

Info

Die **Reiseagentur Pier 1** direkt am alten Hafen von Mikonos-Stadt, **Tel. 22 89 02 40 04,** hat geführte, deutschsprachige Trips im Angebot. Weitere Infos: **www.mikonos.gr**

8 ***Santorin

Santorin, amtlich Thira, gehört zu Griechenlands absoluten Superlativen. Schroff erhebt sich die Steilküste der Vulkaninsel fast 400 m hoch aus dem Meer. Die Orte Thira und Ia kleben am Rand des Kraters. Früher einmal wurde Santorin *Strongyle* genannt, was »die Runde« bedeutet. In ihrer Mitte, wo die Steilwände der *Caldera* (Kessel) gähnen, befand sich ein Vulkan. Vor 3500 Jahren explodierte er. Von seinem Kegel blieb jedoch ein Rest erhalten, der noch groß genug war, um besiedelt zu werden: Santorin.

**Thira 1

Vom Fährhafen Athinios führt die Serpentinenstraße hoch nach Thira. Ein Teil der weißen Häuser und Kapellen liegt dem Meer zugewandt auf der Kraterinnenseite.

Von den Terrassen bietet sich vor allem am Abend ein atemberaubender Anblick: Schwarze Vulkaninseln liegen tief unten im Meer, blaue Kirchenkuppeln schweben über dem Abgrund.

**Ia 2

In nördlicher Richtung zeichnet sich auf einer Klippe Ia vom Horizont ab. Die alte Kapitänssiedlung war 1956 bei einem Erdbeben zerstört worden. Viele der Häuser, darunter auch typische Höhlenwohnungen, hat man jedoch wieder aufgebaut.

Kamari 3 und Alt-Thera 4

Vom Ort Kamari an der Inselaußenseite führt eine Serpentinenstraße hinauf auf den Felsensattel mit den Ausgrabungen von **Archea Thira.** Zu Fuß sind Sie gut eine Stunde unterwegs. Oben erwarten Sie die Reste einer um 1000 v. Chr. gegründeten Siedlung. Sie war ca. tausend Jahre lang ein kulturelles und wirtschaftliches Zentrum. Die überwiegend aus der hellenistischen Periode stammenden Häuser und Straßen sind stark zerstört. Aber die Aussicht ist eine Wucht (Di–So 8.30–15 Uhr). Erkunden Sie nach der Besichtigung **den dunklen Kiesstrand von Kamari.** Die Tische in den Tavernen sind schon gedeckt und die Sonnenliegen stehen bereit.

**Akrotiri 5

Im Süden Santorins wird eine antike Stadt freigelegt. Die Siedlung wurde 1500 v. Chr. durch die große Vulkaneruption verschüttet. Die Menschen lebten in zwei- und dreistöckigen Häusern, die bereits über eine Abwasserentsorgung verfügten. Die Wohnräume waren mit Wandgemälden ausgestattet. Zu den Motiven dieser Malereien gehören Antilopen und boxende Kinder (restaurierte Originale im Archäologischen Nationalmuseum Athen › S. 49. Zurzeit geschl., Tel. 22 86 08 13 66).

Info

Touristenpolizei Thira
Tel. 22 86 02 26 49
www.santorin.gr

■ **Flugverbindungen:** nach Athen, im Sommer nach Mikonos sowie Iraklion
■ **Schiffsverbindungen:** Piräus, Paros, Naxos, Ios, Tinos, Folegandros
■ **Busverbindungen:** von Thira nach Akrotiri, Ia

Hotels

■ **Panorama**
84700 Thira][Tel. 22 86 02 22 71
www.panoramahotel.com.gr
Echt gut! 14 luxuriöse Studios **direkt am Kraterrand,** Pool. ●●●
■ Die Adressen von traditionellen Höhlenwohnungen in Ia sind bei der EOT › S. 138 erhältlich. ●●●

Ausflug zu den Vulkaninseln

Vulkan, Schwefeldampf und heiße Quellen – ein Ausflugsprogramm wie ein Zauberspruch! In Thira bieten Reiseunternehmen organisierte Ausflüge zu den Lavainseln an. Ein Vulkankrater von 80 m Durchmesser, der die Insel **Nea Kameni** 6 beherrscht, stößt Schwefeldämpfe aus. Vielfarbiges Geröll umgibt Sie, an manchen Stellen ist der Boden heiß. Gleich bei **Palea Kameni** 7 sprudeln heiße Quellen für ein außergewöhnliches Bad im Meer, sie färben das Wasser braun. Hinein, wer schwimmen kann!

*Lesbos

Griechenlands drittgrößte Insel ist bedeckt von Olivenhainen und dunkelgrünen Kiefernwäldern – eine Landschaft, die Sie zum Wandern einlädt. Auch Genießer regionaler Spezialitäten werden hier fündig: Der Ouzo von Lesbos wird in ganz Griechenland geschätzt.

Der Inselname klingt nicht zufällig bekannt, die Dichterin Sap-

pho verfasste hier im 6. Jh. v. Chr. ihre Lieder über die Zuneigung zu Frauen. Auf Griechisch wird die Insel meist Mitilini genannt – wie ihr Hauptort. Im Norden liegt **Molivos 1**, das lebhafte Touristenzentrum der Insel. Mehr Ruhe finden Sie im benachbarten Badeort **Petra 2**.

Die Hafenansicht von ****Mitilini 3** (30 000 Einw.) beherrschen die silbernen Kuppeln der Kirche Agios Therapon. Westlich des Hafens liegt das antike Theater, das die Römer für Gladiatorenkämpfe benutzten. Im Archäologischen Museum können Sie u.a. hellenistische und römische Funde sehen, darunter das Fußbodenmosaik aus dem »Haus des Menander« (Di–So 8.30–15 Uhr).

Vor etwa 20 Millionen Jahren versteinerte an der Westküste von Lesbos ein Wald. Die Stämme in leuchtenden Farben stehen z.T. noch aufrecht. **Mehrere Rundwege führen durch den Geopark**, ein Museum im nahen **Sigri 4** erklärt das Naturphänomen (im Sommer Di–Sa 9–16, So 10 bis 16 Uhr, www.petrifiedforest.gr).

Info

EOT Mitilini

J. Aristarchou 6][81100 Lesbos
Tel. 22 51 04 25 11
www.lesvos.co.uk

Verkehr

- **Flugverbindungen:** Athen, Samos, Chios, Thessaloniki
- **Schiffsverbindungen:** Piräus, Samos, Chios, Thessaloniki
- **Busse:** Agiassos, Plomari

Hotels

Loriet Hotel

81100 Varia/Mitilini
Tel. 22 51 04 31 11
www.loriet-hotel.com

Im stilvollen Herrenhaus Zimmer mit Deckengemälden, Park mit Pool, zum Strand sind es nur 20 m. ●●●

Orfeas

Katsakouli 3
81100 Mitilini
Tel. 22 51 02 85 23
www.orfeas-hotel.com

Alte Villa mit Charme in zentraler Lage. Das Treppenhaus und die Gänge sind mit Gemälden verziert, die Zimmer eher einfach. ●●

**Chios

Die überaus abwechslungsreiche Insel beansprucht für sich, die Heimat Homers zu sein. Entdecken Sie ihre Vielfältigkeit und ihre Kontraste. An eine fruchtbare Gartenlandschaft schließt sich

eine karge Gebirgsregion an. In *Chios-Stadt (25 000 Einw.) erahnen Sie den Glanz vergangener Zeiten. Der osmanische Sultan hatte die Insel mit Privilegien ausgestattet – nur hier durfte Mastix, das aromatische Harz aus der Rinde des Mastixstrauchs, geerntet werden. Das Mastixdorf Pirgi im Inselsüden überrascht mit geometrischen Mustern auf weißen Mauern und einem Dorfplatz wie im Märchen. Schauen Sie sich unbedingt die **Schiffsmodelle im Schifffahrtsmuseum** in Chios-Stadt an. Sie sind auch für Kinder interessant (Mo–Sa 10–14 Uhr, www.chiosonline.gr/maritime museum.asp).

Echt gut!

Die Mosaiken des Klosters **Nea Moni am Fuß der Berge sind byzantinische Meisterwerke. Durch eine Vitrine mit Gebeinen und Schädeln werden Sie an abertausend Chioten erinnert, die 1822 dort während des Freiheitskampfes von den türkischen Besatzern erschlagen wurden.

Info

EOT
Kanari 18
82100 Chios
Tel. 22 71 04 43 89
www.chios.gr

Verkehr

- **Flugverbindungen:** Athen, Thessaloniki, Mitilini, Samos
- **Schiffsverbindungen:** Piräus, Mitilini, Samos
- **Busverbindungen:** von Chios-Stadt nach Mesta, Olimbi, Pirgi, sonntags zu Nea Moni

Postkartenschönes Kokkari: Das

Hotels

- **Grecian Castle Hotel**
82100 Chios
Tel. 22 71 04 47 40
www.greciancastle.gr
Fünf Häuser (ca. 1 km von Chios-Stadt an der Hauptstraße) im klassizistischen Stil. 51 Zimmer, Restaurant, Pool. ●●●
- **Spilia Studios**
Kardamila][82100 Chios
Tel. 22 71 02 29 33
www.spilia-chios.gr
Typisch chiotische Häuschen aus Naturstein, mit alten Möbeln ausgestattet, z. T. mit Alkoven. ●●

**Samos

En süßer Genuss ist nicht nur der Dessertwein, der den Namen der Insel trägt. Am Hafen von ***Samos-Stadt** (11 000 Einw.) lässt es sich abends gemächlich promenieren. Ursprüngliches Flair besitzt die nahe Altstadt ****Vathi**.

Karte Seite 117

einstige Fischerdorf 10 km von Samos-Stadt ist bei Windsurfern beliebt

Eine Inseltour mit dem Mietwagen führt Sie entlang der Nordküste über die Dörfer **Kokkari** und **Agios Konstantinos** mit schönen Ausblicken aufs Meer. Ab dem Hafenstädtchen **Karlovassi** gelangen Sie zu den höchsten Bergen der Ägäis (Kerkis 1433 m). An der Südostküste laden die Ruinen des einst größten Heratempels der antiken Welt, des **Heraion**, zum Stopp. Der Name von ***Pithagorion** erinnert an den auf der Insel geborenen Mathematiker Pythagoras. Am Fischerhafen laden nette Tavernen zu einer Rast ein.

Info

EOT

Themistokli Sofuli 107

83100 Samos

Tel. 22 73 02 85 82

www.samos.gr

Verkehr

- **Flugverbindungen:** Athen, Thessaloniki, Chios, Mitilini
- **Schiffsverbindungen:** Piräus, Chios, Mitilini

Hotel

Kerveli Village

Kerveli][83100 Samos

Tel. 22 73 02 30 06

www.kerveli-village.gr

Ruhig und familiär, an einer Felsbucht bei Posidoni gelegen. Im samiotischen Architekturstil, gepflegte Zimmer, Pool. ●●

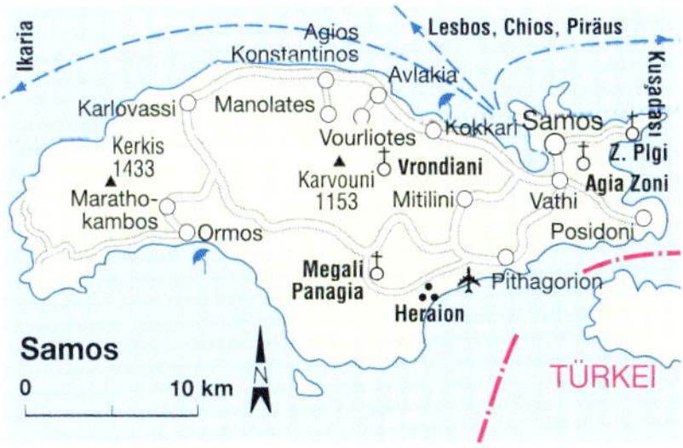

Kreta

Nicht verpassen!

- Besuchen Sie einen minoischen Palast: Knossos oder – großartig gelegen – Festos und Kato Zakros
- Bummeln Sie durch Agios Nikolaos, schlendern Sie auch am Ufer des Binnensees entlang
- Essen Sie abends direkt am Hafenbecken von Rethimnon oder Chania
- Kaufen Sie auf dem Markt ein, köstlich sind kretischer Käse, Honig und Trauben
- Fahren Sie in die Berge, genießen Sie den Wechsel der Landschaft und die Ruhe in den beschaulichen Dörfern

Zur Orientierung

Kreta, fruchtbar und gebirgig, legt Zeugnis ab von einer jahrtausendealten Kultur. Der 4000 Jahre alte minoische Palast von **Knossos** ist weltbekannt. Andere wie **Festos** an der Südküste und **Kato Zakros** ganz im Osten erfordern ein schönes Stück Fahrt durchs unbekannte Kreta. An der Nordküste liegen die alten venezianischen Hafenstädte **Chania, Rethimnon** und die Hauptstadt **Iraklion.** Die meisten Gäste sonnen sich an den langen Stränden im Norden, hier befinden sich die großen Ferienorte wie Bali, Chersonissos und Malia. Im Süden fällt die Küste steiler ab und die zumeist kleinen Buchten sind oft schwer erreichbar. Bekannte Ferienorte dort sind das lebhafte Hafenstädtchen **Agia Galini** und **Matala,** in dessen Felswand sich einst Wohnhöhlen befanden.

Mehr als 2000 m hohe Gebirgszüge prägen die Insel des Zeus. Mit Schluchten und Hochebenen wie der **Samaria-Schlucht** und der **Lassithi-Ebene** formen sie eine Landschaft, wie geschaffen zum Wandern. Legendär sind Kretas Klöster. In **Arkadi** starben 1866 Hunderte Menschen für die Unabhängigkeit. **Moni Toplou** ist entlegen, aber wohlhabend – wie ganz Kreta: eine Schatzinsel im Süden Europas!

Kreta ist reich gesegnet mit traumhaft schönen Stränden

Touren in der Region

Kretas Westen

(13) Rethimnon › Chania › Samaria-Schlucht › Chania

Länge: 3 Tage, 110 km
Praktische Hinweise: Mai bis Okt. fahren frühmorgens Busse von Chania zum Schluchteinstieg. Am Schluchtende Bootstransfer nach Chora Sfakion, von dort per Bus zurück.

***Rethimnon** › S. 122 nimmt Sie gleich zu Beginn der Tour mit seinem venezianischen Charme gefangen. Stöbern Sie in den überquellenden Lädchen der Gassen und suchen Sie sich einen Tisch in den Tavernen am venezianischen Hafen. Schlendern Sie über die ausgedehnte Festung, bewundern Sie minoische Kunst im Archäologischen Museum, relaxen Sie am Sandstrand. Nach einer Übernachtung fahren Sie dann entlang der sanft geschwungenen Nordküste über Dörfer wie **Georgioupoli,** an dessen Platia Sie in einer urigen Dorftaverne rasten können, nach ***Chania** › S. 122. Entdecken Sie dort die orientalisch anmutenden Markthallen mit dem riesigen Angebot an Fisch, Obst und Gemüse. Und staunen Sie dann über die Moschee am Hafenbecken mit ihrer großen, weit sichtbaren Kuppel. Am nächsten Morgen heißt es früh aufstehen; denn es lockt die Durchquerung der ****Samaria-Schlucht** › S. 122, der längsten Schlucht Europas. Der Abstieg vorbei an duftenden Kiefern ist mühsam, dann geht es durch das Bachbett voller Geröll, rechts und links rücken die Felswände immer näher. Allmählich weitet sich die Schlucht, das Meer kommt in Sicht, Sie haben es geschafft! Nach einer Pause in Agia Roumeli steigen Sie ins Boot nach Chora Sfakion an der menschenleeren Küste des Libyschen Meeres. In Chora Sfakion warten bereits die Linienbusse zurück nach Chania.

Minoische Paläste Festos und Knossos

(14) Rethimnon › Festos (Phaistos) › Knossos › Iraklion

Länge: 2 Tage, 140 km
Praktische Hinweise: Kaufen Sie in Knossos ein »Special ticket package« für den Besuch von Knossos und das Archäologische Museum in Iraklion. So sparen Sie zwar kein Geld, aber brauchen im Archäologischen Museum nicht an der Kasse anzustehen.

Die Landschaft um ***Rethimnon** › S. 122 wird geprägt vom mehr als 2000 m hohen Ida-Gebirge,

(13) Kretas Westen **Rethimnon › Chania › Samaria-Schlucht › Chania**

das Sie auf dieser Tour im weiten Bogen umrunden. Sie starten am besten frühmorgens in Rethimnon zur serpentinenreichen Fahrt nach **Phaistos** (Festos), damit Sie nicht in der Mittagshitze über das schattenlose Ausgrabungsgelände gehen müssen. Ihr Ziel ist der minoische Palast, den im 2. Jt. v. Chr. Erdbeben zerstörten. Treppen erwarten Sie, Theaterstufen, Mauerreste und über alles hinweg reicht der Blick auf die Messara-Ebene. Imposant, doch Ihr Weg führt Sie zu einem noch viel berühmteren Palast: Über Agii Deka und später weiter Richtung Archanes (nicht zum Dorf abbiegen) fahren Sie nach *****Knossos** › S. 125, Weltkulturerbe der UNESCO. Der Palast ist bei aller Zerstörung äußerst beeindruckend. Vor allem die wiederhergestellten Fresken sind Zeugen der vergangenen minoischen Hochkultur. Sie können aber noch mehr über die Minoer erfahren: Am Ende Ihres Trips erwartet Sie nämlich ***Iraklion** › S. 124 mit dem Archäologischen Museum und Fundstücken aus Knossos und anderen Palästen. Stürzen Sie sich in der größten Stadt der Insel, in der Sie übernachten sollten, ins kretische Leben. Genießen Sie an der Platia Venizelou Ihren Kaffee und schauen Sie den Kindern zu, die am Brunnen spielen.

14 **Minoische Paläste Festos und Knossos** **Rethimnon › Festos (Phaistos) › Knossos › Iraklion**

Unterwegs auf Kreta

*Chania 1

Chania (60 000 Einw.) verdankt sein Flair den venezianischen und türkischen Bauten in der Altstadt und am Hafen der nahen Janitscharenmoschee. Betriebsamkeit herrscht in der kreuzförmigen Markthalle.

Info

EOT
Tel. 28 21 09 29 43
www.chania.gr

Wanderparadies Kreta

Grandiose Berglandschaften, einsame Täler und wilde Schluchten machen Kreta zu einem Eldorado für Wanderer. Die berühmteste Wanderroute ist zweifellos die **Samaria-Schlucht.** Eine weitere Traumstrecke führt von Zakros durch das »**Tal der Toten**« (alte Felsengräber) nach Kato Zakros (mittelschwer, ca. 3 Std.) › S. 125 und ist Teil des Europäischen Wanderwegs E4.

Weitere Highlights: die wilde **Imbros-Schlucht** (mittelschwer, ca. 3 Std.), die tief eingekerbte **Rouwas-Schlucht** oder eine leichte Tour von **Georgioupoli** mit Küstenblick ins Dorf **Likotinarea** und wieder zurück (3 Std.).

Infos: EOS, Dimokratias 12, Rethimnon, Tel. 28 31 05 77 66, www.eos.rethymnon.com

Verkehr

- **Flugverbindung:** Frankfurt, Hamburg, Hannover, Leipzig, Düsseldorf, Berlin, Stuttgart, München, Athen
- **Schiffsverbindung:** Piräus

Hotel

Amphora
Parodos Theotokopoulou 20
73100 Chania
Tel. 28 21 09 32 24
www.amphora.gr
Lauschige venezianische Villa am Hafen, zentrums- und strandnah. ●●●

Restaurants

Die Tavernen in der Markthalle bieten vorzüglichen Fisch. ●

9 **Samaria-Schlucht 2

Kretas berühmte Schlucht ist 18 km lang. Senkrecht wachsen die Felswände in den Himmel – die schmalste Stelle misst ganze drei Meter! Mittendrin stehen die Steinhäuser von Samaria, wo sich in Besatzungszeiten die kretischen Widerstandskämpfer versteckten. Die Bewohner mussten umsiedeln, als die Schlucht 1965 Naturreservat wurde.

*Rethimnon 3

Rethimnon hat einen 15-km-Strand samt Bilderbuchhafen mit bunten Häusern und netten Fischlokalen. **Über der verwinkelten Altstadt ragt die venezianische Festung auf.** Im August findet das Renaissance-Festival mit Musik und Theater statt.

Info

Informationsbüro
Strandpromenade
Tel. 28 31 02 91 48
www.rethymnon.gr

Verkehr

Busverbindungen: Chania, Iraklion, Arkadi, Preveli

Hotels

■ Fortezza
Melissinou 16
74100 Rethimnon
Tel. 28 31 05 55 51
www.fortezza.gr
Hübsches Hotel, zentral beim Hafen. Zimmer im kretischen Stil, Pool. ●●

■ Mantenia
74100 Platanes/Rethimnon
Tel. 28 31 05 51 64
www.manteniahotel.gr
5 km von Rethimnon. 22 Zimmer, Garten, Tennisplätze und Pool. ●●

Restaurant

O Gounakis
Koronaiou 8
74100 Rethimnon
Kretische Musik, Ofengerichte. ●

Sport

Olympic Bike Travel
Adelianos Kampos 32][Rethimnon
Tel. 28 31 07 23 83
www.olympicbike.com
Umweltverträgliche Mountainbiketouren, Miet- und Kinderfahrräder.

In der Samaria-Schlucht

Ausflüge ab Rethimnon

Nach Preveli 4

Lust auf eine kleine Oase? Packen Sie ein Picknick ein und fahren Sie nach Süden bis Preveli (ca. 40 km). Etwa 1,5 km vor der Straße zum Kloster Piso Preveli geht es links über einen holprigen Weg zum Parkplatz, von dem aus Sie auf eine zauberhafte Szenerie blicken: Palmen säumen einen Fluss, der sich durch ein schmales Tal zum Meer schlängelt. Steigen Sie den steilen Pfad hinunter und erfrischen Sie sich im Meer.

Zum Kloster Arkadi 5

5 km östlich von Rethimnon biegt eine kurvenreiche Straße von der Autobahn landeinwärts ab und

Die roten Säulen von Knossos

zieht sich an einer Schlucht entlang den Berg hinauf. Dort oben liegt nach weiteren 10 km einsam das kretische Nationaldenkmal Kloster Arkadi, Symbol für den Widerstand gegen die türkischen Besatzer im 19. Jh. Dort sprengten sich 1866 in aussichtsloser Lage fast tausend eingekesselte Kreter angesichts einer türkischen Übermacht selbst in die Luft. Im Kloster können Sie ein kleines Museum besuchen.

*Iraklion 6

Die beste Aussicht auf das Häusergewirr der Hauptstadt (140 000 Einw.) hat man vom venezianischen Hafen mit der Zitadelle ***Koules** (1523–1540). Der Weg in die Altstadt führt durch die Odos 25 Avgoustou zur ****Platia Eleftherias Venizelou,** benannt nach dem ehemaligen Ministerpräsidenten. Venedigs Statthalter Francesco Morosini ließ hier 1628 den **Löwenbrunnen** erbauen.

10 In der ****Odos 1866,** der lebhaften Marktgasse, die am **Bembo-Brunnen** endet, geht es zu wie auf einem Basar. Im nahen türkischen Brunnenhaus kann man in orientalischer Atmosphäre einen original griechischen Mokka schlürfen.

Das ****Archäologische Museum** an der Platia Venizelou zeigt Funde aus den minoischen Ausgrabungsstätten Kretas, darunter den Diskus von Festos, **die Goldenen Bienen aus Malia**, den Stierkopf-Rhyton und die Schlangengöttin. Viele Exponate stammen aus Knossos. Echt gu

!! Das Museum ist seit 2006 wegen Umbauarbeiten geschlossen. Die wichtigsten Exponate werden in einer temporären Ausstellung in einem Raum an der Nordseite des Museums gezeigt. Der Termin der Wiedereröffnung ist nach wie vor ungewiss.

Info

EOT
Xanthoudidou 1 (am Museum)
Tel. 28 10 24 62 98

Verkehr

- **Flugverbindungen:** Athen, Rhodos, Thessaloniki
- **Schiffsverbindungen:** Piräus, Rhodos, Kykladen

Karte Seite 120

Hotels

Capsis Beach
Agia Pelagia
75100 Iraklion
Tel. 28 10 81 11 12
www.capsis.gr
Luxus pur, Zimmer und Bungalows mit Garten, Ausstattung in Holz und Marmor. ●●●

Poseidon
Poseidonos 54
71307 Iraklion
Tel. 28 10 22 25 45
www.hotelposeidon.gr
In der Nähe des Fährhafens, ca. 15 Min. zum Zentrum. Einfache Zimmer mit Klimaanlage, z.T. mit Blick auf den Hafen. ●●

Restaurants

Mehrere Tavernen in den Seitengassen der **Odos 1866.** ●

An der **Platia Venizelou** trifft man sich bereits zum Frühstück. Die Cafés servieren aber auch den ganzen restlichen Tag über die **Grießspezialität Bougatsa,** süß oder mit Schafskäse.

11 ***Knossos 7

Kretas berühmteste Sehenswürdigkeit. 40 Jahre lang hat Sir Arthur Evans die vor 4000 Jahren versunkene Anlage freigelegt. Dabei ist umstritten, wie weit die Rekonstruktion dem früheren Aussehen des Palastes entspricht. Im Saal von König Minos sieht man seinen Alabasterthron, in den Vorratsräumen stehen riesige Tonkrüge. Die Gemächer der Königin sind mit anmutigen blauen Delfinfresken bemalt (Im Sommer 8–19.30, sonst bis 15 Uhr).

*Agios Nikolaos 8

Der Ort an der **Mirabello-Bucht** ist das Saint-Tropez von Kreta – ein Platz, ideal zum Promenieren und Frappé-Trinken, vor allem am grünen Voulismeni-See mitten im Ort. Im Sommer herrscht an den Stränden ringsum lebhafteste Ferienstimmung.

Hotel

Elpida
72100 Kalo Chorio
Tel. 28 41 06 14 03
www.elpidahotel.com
20 km von Agios Nikolaos. Zimmer beim Pool mit extra Gärtchen. ●●

Ausflug nach Vaï 9 und Kato Zakros 10

Wagen Sie sich in die Einsamkeit, immer Richtung Osten. So kommen Sie zum entlegenen Kloster **Moni Toplou.** Arkaden säumen den Innenhof, in der Kirche sind kostbare Ikonen im Licht der Kerzen zu entdecken. **Im Shop können Sie echte Ikonen erwerben,** bevor Sie weiter zum Palmenstrand **Vaï** fahren. Über Palekastro und Zakros gelangen Sie nach **Kato Zakros:** Die Reste eines minoischen Palastes erstrecken sich vor steil aufragenden Felswänden. Bevor Sie den langen Heimweg antreten, sollten Sie sich in den Tavernen an der Platia von Zakros stärken.

Rhodos

Nicht verpassen!

- Spazieren Sie entlang der großartig erhaltenen Stadtmauer von Rhodos-Stadt
- Genießen Sie den Chevalier de Rhodes, den aromatischen Rotwein der Insel
- Steigen Sie die Treppen hinauf zur Akropolis von Lindos
- Schwimmen Sie in der Bucht von Tsambika mit Blick auf die Steilküste
- Durchqueren Sie die Insel von Küste zu Küste, z.B. von Kamiros Skala bis Lindos

Karte Seite 128

Zur Orientierung

Als der Sonnengott Helios einst die Insel Rhodos aus dem Meer auftauchen sah, verzichtete er auf einen Sitz im Olymp und wählte Rhodos als Wohnort. Heute lockt die faszinierende Hauptinsel des Dodekanes mit ihren mehr als 230 km Küste den ganzen Sommer über sonnenhungrige Urlauber in Scharen an.

Der wirklich pittoreske Inselhauptort **Rhodos-Stadt** umgarnt Sie mit einer zinnenbewehrten Stadtmauer samt Türmen und Toren. In den Gassen warten winzige Lädchen auf Ihren Besuch, in der Neustadt verführen die *Zacharoplastia* (Zuckerbäckereien) mit süßen Köstlichkeiten zu genussvollen Pausen. Die intakte Ritterstraße und der Großmeisterpalast versetzen Sie in die großen Zeiten des Johanniterordens zurück. Die Baumeister des Ordens haben überall auf der Insel ihre Spuren hinterlassen, etwa das Kloster bei **Filerimos** oder die Burg von **Monolithos** an der stilleren Westküste der Insel. Auch aus der osmanischen (1522–1912) und italienischen (1912–1947) Zeit der Insel sind ausdrucksstarke Baumonumente erhalten, wie etwa an der viel besuchten Ostküste die stadtnahen Thermen von **Kalithea.** Die Arkaden und die Kuppel über dem Badebecken wurden unter italienischer Herrschaft errichtet. Die Attraktion an der Ostküste ist **Lindos.** Burgmauern und Tempelsäulen überragen auf hohen Felsen das strahlende Weiß der Häuserwürfel. Ein Bad bei Lindos erfrischt ganz besonders, wenn Sie zuvor auf die Akropolis gestiegen sind.

Ganz im Süden treffen sich immer mehr Surfer am entlegenen Kap von **Prasonisi.** Lange Strände ziehen sich auch jenseits der Südspitze von Rhodos weiter die Westküste hinauf. Sie geben ein Versprechen ab: Auf der Insel des Helios finden Sie Ihr Plätzchen in der Sonne.

Lindos: Oberhalb der weißen Würfelhäuser erhebt sich die Akropolis

Touren in der Region

Zur Akropolis von Lindos

(15) Rhodos-Stadt › Archangelos › Lindos › Epta Piges › Kalithea › Rhodos-Stadt

Länge: Tagestour, 110 km
Praktische Hinweise: Die Burg von Lindos ist Mo vormittags geschlossen. Bitte nehmen Sie Badesachen mit. Die Thermen von Kalithea (kein Heilwasser) sind tgl. 9–17 Uhr geöffnet.

Ein wunderbarer Trip entlang der Ostküste. Genießen Sie den Blick auf die großartige **Tsambika-**

Bucht tief unten am Meer. Das ruhige Dorf **Archangelos** liegt südlich des unverbauten Strandes. Dann haben Sie schon Ihr Ziel erreicht: ****Lindos** › S. 131. Schlendern Sie durch die Gassen, wo sich Souvenirläden, Snackbars und Tavernen bunt aneinanderreihen. Wenn die Mittagshitze vorbei ist, steigen Sie auf zur Akropolis. Die Aussicht wird Sie für die Mühen belohnen! Als Kont-

(15) **Zur Akropolis von Lindos** Rhodos-Stadt › Archangelos › Lindos › Epta Piges › Kalithea › Rhodos-Stadt

(16) **Entlang der Westküste nach Monolithos** Rhodos-Stadt › Filerimos › Kamiros › Kamiros Skala › Embonas › Monolithos

Karte Seite 128

rast zum quirligen Lindos können Sie auf Ihrer Rückfahrt in der schattigen Waldwirtschaft von ***Epta Piges,** wo sieben Quellen einen kühlen Bach speisen, in Ruhe gegrillte Souvlaki genießen oder losfahren und in den Thermen von ***Kalithea** baden gehen.

Entlang der Westküste nach Monolithos

(16) Rhodos-Stadt › Filerimos › Kamiros › Kamiros Skala › Embonas › Monolithos › Rhodos-Stadt

Länge: Tagestour, ca. 75 km (einfache Strecke)

Praktische Hinweise: Die Kellerei in Embonas ist tgl. 9.30–15.30 Uhr geöffnet, www.emery.gr (deutschsprachig).

Hier erwartet Sie ein Programm für kulturelle wie kulinarische Genießer. Starten Sie früh in Rhodos-Stadt. So liegt nach 17 km die Morgensonne über ***Filerimos.** Auf dem Hügel voller Kiefern und Zypressen haben die Johanniter 1480 ein beschauliches Kloster errichtet. Die Grundmauern, über die Sie im Park spazieren, gehören zu einem Tempel und Brunnenhaus der antiken Stadt Ialissos aus dem 3./4. Jh. v. Chr. Herrlich ist der weite Blick über die Landschaft. 30 km südlich schmiegt sich die Ausgrabungsstätte von ****Kamiros** in einem Pinienhain an den Hang. Oberhalb der Zisterne, die die Bewohner mit Trinkwasser versorgte, lässt sich die Bauweise einer Stadt aus dem 3. Jh. v. Chr. erkennen. Öffentliche Gebäude und Tempel lagen sehr nahe beisammen; gegenüber standen Wohnhäuser. Ein wunderschönes Beispiel für die Harmonie, mit der die alten Griechen ihre Städte in diese sanft zum Meer abfallenden Hänge bauten. Ihre Eindrücke können Sie am winzigen Fischerhafen **Kamiros Skala** weiter auf sich wirken lassen. In den Tavernen wird frischer Fisch zubereitet. Gestärkt geht es nun in die Berge. Das lebhafte **Embonas** › S. 131 ist bald erreicht, in der Kellerei Emery können Sie die rhodischen Weine kosten. Wer zu tief ins Glas geschaut hat, kann im Ort übernachten. Ansonsten geht es weiter nach **Monolithos,** dem 250 m hohen Felskegel mit den Ruinen einer Johanniterburg, und zurück nach Rhodos-Stadt.

Verkehrsmittel

Rhodos' Flughafen liegt 5 km südlich der Stadt bei Paradisi. Inlandsflüge nach Athen, Thessaloniki, Iraklion. Nach Piräus, Kreta, zu den Kykladen und Dodekanes-Inseln verkehren Schiffe und Highspeeds, Pläne s. www.gtp.gr. Busse fahren über die ganze Insel, www.ktel.org. Busbahnhof in Rhodos-Stadt an der Nea Agora.

Wichtige Adressen

EOT Rhodos, Papagou/Makariou, Rhodos, Tel. 22 41 04 43 35, www.ando.gr/eot

Karte Seite 128

Unterwegs auf Rhodos

12 **Rhodos-Stadt 1

Hauptort der größten Dodekanes-Insel ist Rhodos-Stadt (57 000 Einw.). Ihre Altstadt verbirgt sich hinter einer 4 km langen mittelalterlichen Festungsmauer, die vom Ritterorden der Johanniter, der von 1309 bis 1522 über die Insel herrschte, erneuert wurde. Rhodos-Stadt war der Sitz ihres Großmeisters.

Hirsch und Hirschkuh bewachen auf hohen Säulen die Mole des Mandraki-Hafens. Früher glaubte man, dass der Koloss von Rhodos, eines der Sieben Weltwunder, im 3. Jh. v. Chr. an der Hafeneinfahrt gestanden habe. Er war jedoch beim Heliostempel, wo sich jetzt der Großmeisterpalast befindet, aufgestellt.

Mandraki-Hafen, Rhodos

Der imposante ***Großmeisterpalast** stammt aus dem 14. Jh. Die Italiener, die Rhodos 1912 besetzten, bauten ihn wieder auf. Zum Palast führt die ****Ritterstraße,** gesäumt von den Herbergen der Ritter. Unterhalb der rosaroten Süleyman-Moschee reihen sich in der ***Sokratesstraße** Geschäfte wie in einem Basar aneinander. In der Sokratesstraße 76 bietet ein altes **Kafenio Gelegenheit für einen griechischen Kaffee,** bevor es weiter durch bogenüberspannten Gassen ins Türkenviertel geht.

Das ****Archäologische Museum** (im Ordenshospital) zeigt Kunstwerke von der mykenischen bis zur späthellenistischen Epoche und ist in seiner Art einzigartig auf Griechenlands Inseln (geöffnet im Sommer Di–So 8–19.30, im Winter nur 8.30–15 Uhr).

Hotel

Nikolis Hotel
Ippodamon 61
85100 Rhodos
Tel. 22 41 03 45 61
www.s-nikolis.gr
Haus aus dem 14. Jh. mit Erkern und Bogenfenstern. Frühstück über den Dächern der Altstadt, auch größere Studios zu mieten. ●●●

Karte Seite 128

Restaurant

Romeo

Odos Sokratis/Menekleous

Tel. 22 41 02 51 86

In der Taverne mit griechischer Küche sitzt man schattig unter Bäumen. ●●

Sport

Afandou Golf Course

Tel. 22 41 05 14 51

www.afandougolfcourse.com

Golfspieler treffen sich bei Afandou, etwa 19 km südlich von Rhodos-Stadt.

**Schmetterlingstal 2

Echt gut!

Das Tal (gr. Petaloudes) in der Nähe von Kremasti an der Westküste lockt im Juli und August dank der Amberbäume **Schwärme von Harlekinfaltern** an. Lärm verschreckt sie aber. Die herrliche Lage des Tals lohnt auch ohne die Falter einen Besuch.

Embonas 0

In den Gassen des einst stillen Bergdorfes, das mittlerweile zum Standardprogramm von Inselrundfahrten geworden ist, werden Webteppiche zum Verkauf angeboten. Die Kellerei Emery (www.emery.gr) keltert gute Inselweine, die Sie vor Ort probieren können.

Hotel

Attaviros-Vassilia

85108 Embonas/Rhodos

Tel. 22 46 04 12 35

Das Hotel mit 20 einfachen Zimmern wird von einer freundlichen Familie betrieben, die Besitzerin kocht in der angeschlossenen Taverne nach alten Familienrezepten. ●

Tsambika-Bucht 4

Serpentinen schrauben sich hinunter zur unverbauten Traumbucht von Tsambika. Tiefer Sand, Liegestühle, Wassersportangebote und eine Taverne – das alles verspricht einen perfekten Erholungstag.

**Lindos 5

Echt gut!

Das **Bilderbuchdorf an der Ostküste** klebt am Felsen über einer türkisfarbenen Bucht. Oberhalb der weißen Würfelhäuser erhebt sich der Burgberg mit der antiken Akropolis. Hinter der Befestigung und dem Gouverneurspalast der Ritterburg liegt das antike Heiligtum. Besonders sehenswert sind das Schiff-Relief, die dorische Säulenhalle sowie der dorische Tempel der Athena Lindia, der am Rand des jäh abfallenden Felsens steht (im Sommer Mo 13 bis 19.30, Di–So 8–19.30 Uhr). Einladend ist die **Apostel-Paulus-Bucht** auf der anderen Seite des Dorfes. An dieser Stelle soll der Apostel Paulus im Jahre 51 während eines anhaltenden Sturms an Land gegangen sein. Ihm zu Ehren wurde später die weiß getünchte Kapelle Agios Pavlos errichtet.

Buch-Tipp Reiseführer Polyglott on tour Rhodos.

Korfu

Nicht verpassen!

- Blicken Sie von der Neuen Festung über die malerische Dachlandschaft von Korfu-Stadt
- Genießen Sie die Atmosphäre im Byzantinischen Museum bei gedämpfter Musik
- Nehmen Sie Ihren Kaffee unter den Arkaden der In-Cafés an der Esplanade ein
- Sehen Sie im Norden die Berge auf das Meer treffen, jenseits der Meerenge liegt Albanien
- Suchen Sie sich am Abend einen Platz bei Pelekas und feiern Sie den Sonnenuntergang

Karte Seite 134

Zur Orientierung

In Form einer Sichel erstreckt sich Korfu im Ionischen Meer. Die prachtvolle Hauptstadt **Kerkira** zählt zu den Highlights des Landes. Über den charmanten Esplanade-Platz flanieren, in den Museen Ikonen und asiatische Kunst bestaunen, in den Boutiquen shoppen – das gibt nicht nur Städteliebhabern einen Kick. Fotografen werden die Stadt erst verlassen, wenn sie die Glockenwand des Klosters **Vlacherna** und den Felsen **Pontekonisi** vor der Linse hatten, weltbekannte Motive des korfiotischen Idylls.

Ihre Vielfältigkeit macht die Insel beliebt, im Sommer ist sie ein Hotspot für Sonnenanbeter. Die langen Sandstrände im Norden bei **Roda** und **Acharavi** versprechen Badesspaß ohne Ende, Surfer lieben die Windverhältnisse von **Roda.** Entlang der Nordwestküste reihen sich Kesselbuchten mit kleinen Stränden und Häfen. Im Südosten finden Sie die größten Ferienorte wie **Moraitika** und **Messongi** mit zahlreichen Discos und Bars. Etwas ruhiger geht es an der Westküste zu. Im Süden entdecken Sie winzige Weiler mit nur einer Handvoll Pensionen und Tavernen am Strand. Im Nordteil der Westküste, besonders an den bizarren Felsenbuchten von **Paleokastritsa,** aber auch an der geschwungenen Bucht von **Agios Georgios** gibt es Hotels, Bars, Tavernen und jede Menge Wassersport.

Korfu-Stadt: Wo das Bummeln zum sinnlichen Erlebnis wird

Wandern können Sie herrlich an der Lagune von **Korission,** aber auch im Inselinnern. Unvergesslich sind die Wege bei den Bergdörfern im Norden, vorbei an terrassierten Hängen für die höchsten Olivenbäume, die in Griechenland wachsen.

Touren in der Region

Berge und Strände im Norden

(17) Korfu-Stadt › Agios Markos › Spartilas › Kalami › Kassiopi › Acharavi › Roda › Sidari › Korfu-Stadt

Länge: 1 Tag, 160 km
Praktische Hinweise: Wer die Tour mit dem Bus macht, sollte in Sidari übernachten.
Info: www.ktel.org

Ein Tag im Zeichen von Bergen und Meer: Folgen Sie ab ****Korfu-Stadt** › S. 135 der Küste nach Norden. Bei **Pirgi** führt Sie ein Abstecher hinauf zum Bergdorf **Agios Markos**, das sich harmonisch in die Hügellandschaft fügt.

Fahren Sie weiter über die Bauerndörfer **Sokraki** und **Zigos,** und Sie nähern sich immer mehr dem höchsten Gipfel Korfus, dem Pantokrator (906 m). Über Spartilas schrauben Sie sich auf serpentinenreicher Straße wieder hinunter zur Küste. Zwischen den Bäumen leuchtet blau das Ionische Meer, die Ausblicke sind ein Genuss. Zu den Liebhabern dieser korfiotischen Landschaft gehörte auch der englische Schriftsteller Lawrence Durrell, der in dem Küstenweiler **Kalami** eine Zeit lang lebte. Sie fahren von seiner hübschen Bucht weiter und erhaschen Blicke auf die menschenleere Küste Albaniens. Der kleine Fischerort **Kassiopi** › S. 137 lädt ein, eine Pause einzulegen. Später

17 **Berge und Strände im Norden** Korfu-Stadt › Agios Markos › Spartilas › Kalami › Kassiopi › Acharavi › Roda › Sidari › Korfu-Stadt

18 **Zum Kloster von Paleokastritsa** Korfu-Stadt › Lakones › Angelokastro › Paleokastritsa

gelangen Sie, vorbei an den Stränden von **Acharavi** und **Roda,** nach **Sidari** › S. 137. Wind und Wellen haben dort eine bizarre Küstenlandschaft aus Fjorden und hellgelben Lehmklippen geschaffen, darunter den **Canal d´Amour**, einen legendären Ort zum Schwimmen.

Zum Kloster von Paleokastritsa

(18) Korfu-Stadt › Lakones › Angelokastro › Paleokastritsa

Länge: 1 Tag, 50 km (einfach)
Praktische Hinweise: Das Kloster von Paleokastritsa bitte nur in angemessener Kleidung betreten; erfragen Sie die aktuellen Öffnungszeiten bei der EOT › S. 138.

Begeben Sie sich auf eine Panoramatour quer über die Insel: Erst fahren Sie von ****Korfu-Stadt** › S. 135 ein Stück nordwärts der Küste entlang, um dann abzubiegen in Richtung Temploni und Liapades.

Vorbei an Feldern und Olivenhainen erreichen Sie **Lakones.** Vom nahen »Balkon des Ionischen Meeres« sehen Sie tief unter sich Ihr Ziel: die zerklüfteten Buchten von Paleokastritsa. Das Kloster leuchtet weiß auf einem der Felsen. Einige Kehren weiter, bei Krini, thront die byzantinische Festung ***Angelokastro** › S. 137 auf einem 330 m hohen Felsen. Nach einem etwa halbstündigen Aufstieg erwartet Sie außer den Ruinen und einer Höhlenkirche ein tolles Panorama.

Zurück über Krini und Lakones geht es dann hinunter nach **Paleokastritsa** › S. 137. Erfrischen Sie sich im blauen Meer, suchen Sie sich ein Fleckchen am Strand und besuchen Sie das Kloster. Im Innenhof werden Sie als Kontrast zu all dem Trubel rundum eine blumengeschmückte Oase der Stille entdecken.

Unterwegs auf Korfu

**Korfu-Stadt (Kerkira) 1

Eine spannende Mischung: Die Hauptstadt (40 000 Einw.) verdankt ihren italienischen Charme den Dogen von Venedig. Die Venezianer, 1386 bis 1797 Korfus Herren, errichteten 1550 die alte Festung. Als Napoleon 1797 die Ionischen Inseln eroberte, zog französische Raffinesse in die Stadt ein: Den ****Spianada-Platz** (auch Esplanade) säumen hohe Arkadenhäuser im Empirestil.

Schattige Cafés unter Arkaden und ein Park aus dem 19. Jh. machen den Platz gegenüber der alten Festung so anziehend. Zur

Korfu, Blick auf die Altstadt

Zeit des britischen Protektorats entstand am Platz der Palast der Heiligen Georgios und Michael. In dem neoklassizistischen Gebäude befindet sich u.a. das Museum für Asiatische Kunst (April bis Okt. Di–So 8–19.30 Uhr, Mo geschl.). Kunstgenießer werden sich im **Byzantinischen Museum** in der Odos Arseniou (Di–So 8–15 Uhr, Mo geschl.) an den farbenfrohen Ikonen erfreuen.

Hinter der Esplanade erstreckt sich bis zur Neuen Festung die **Altstadt:** hier ein Marmorportal, da ein versteckter Laubengang. Kirchtürme wie der der prächtigen Agios-Spiridon-Kirche recken sich aus dem Häusermeer empor.

Info

EOT Korfu

Alykes Potamou][49100 Korfu
Tel. 26 61 03 76 39][www.gnto.gr
Infos zu Unterkünften, Stränden, Veranstaltungen bei www.kerkyra.gr

Verkehr

- **Flughafen:** Taxis bringen einen ins Stadtzentrum.
- **Fährverbindungen:** Fähren verkehren nach Ancona, Bari, Brindisi, Venedig in Italien sowie nach Igoumenitsa/Epirus und Patras/Peloponnes.
- **Busverbindungen:** Busse zu Stränden und Dörfern fahren vom Busbahnhof in der Avramiou-Straße ab; Pläne beim Busbahnhof und auf der Internetseite **www.ktel.org.**

Hotel

Cavalieri

Kapodistriou 4][49100 Korfu
Tel. 26 61 03 93 36
www.cavalieri-hotel.com
Venezianisches Palais nahe der Esplanade mit 50 Zimmern. **Dachgarten mit fantastischer Aussicht.** ●●● Echt gut

Restaurants

- **Aigli**

Kapodistriou 23][Tel. 26 61 03 19 49
http://aiglirestaurant.com
Direkt an der Esplanade genießt man korfiotische Spezialitäten. ●● Echt gut

- **Rex**

Kapodistriou 66
Der Klassiker unter den Stadtrestaurants. Gute Küche, leckere Aufläufe. ●●

Ausflug nach Pelekas 2

Brechen Sie für einen romantischen Abend erst am Nachmittag auf, denn Sie werden bei Pelekas (13 km ab Korfu-Stadt) den Sonnenuntergang erleben. Oberhalb des Dorfes befindet sich der Aussichtspunkt »Kaisers Thron«, wo schon Wilhelm II. gerne verweilte. **Vor Ihnen versinkt die Sonne rot im Meer.**

Echt gut!

*Achillion 3

Schauen Sie doch einmal bei Kaiserin Sisi vorbei. Nur 9 km von Korfu-Stadt entfernt liegt oberhalb von Gastouri das Achillion. Die weitläufige Villa mit dem grünen Park wurde 1890/91 für die österreichische Kaiserin Elisabeth errichtet. Später übernahm sie Kaiser Wilhelm II. In den Sälen können Sie **Geschirr, Möbel und Bilder von Sisi** und Kaiser Wilhelm bewundern, draußen einen Park voller Statuen.

Echt gut!

Sidari 4 und die Nordküste

Dies ist eine gute Gegend für Familienurlaub, denn das Meer ist recht flach. Zwischen Sidari und Kassiopi liegen lange Strände und Urlaubsorte wie **Roda** und **Acharavi.** Vom **Canal d´Amour** bei **Sidari** heißt es, dass die Frau, die ihn durchschwimmt, ihren Traumpartner heiraten wird. Ein traumhaftes Foto kann man jedenfalls vom Fjord aus feinen Lehmschichten machen.

Apartments

Villen und Apartments (●● – ●●●) vermietet Fotis-Reisen:
bei Acharavi: Tel. 26 63 06 37 37 oder in München: Karl-Marx-Ring 118, 81737 München, Tel. 089/6 99 190 90, www.fotisreisen.de

Kassiopi 5

Das beliebte Dorf liegt an einer Kesselbucht im Nordwesten. Im Wasser dümpeln Boote, über dem Hafen erheben sich die Mauern eines Kastells und in den Buchten ringsum kann man baden.

Agios Georgios 6

In der weit geschwungenen Bucht ist der Strand die Attraktion. Eine Reihe von Pensionen, Hotels und Tavernen sind dahinter entstanden: Agios Georgios ist ein idealer Urlaubsort, um abseits der großen Touristenzentren zu relaxen.

Zimmer, Sport

Von der Pension bis zu Ferienhäusern, vom Tauchsportangebot und Segeltörn bis hin zum Kinder- und Jugendprogramm bietet Corfelios-Reisen alles: **Mittlerer Kirchweg 1, 79410 Badenweiler, Tel. 0 76 32/82 45 55, www.urlaub-griechenland.de**

Paleokastritsa 7

Drei Felsbuchten mit kleinen Stränden machen den landschaftlichen Reiz von Paleokastritsa aus. Auf einem Felsen am Ende des langgezogenen Orts liegt das **Kloster Panagia Theotokos** samt malerischem Innenhof und Museum (April–Okt. tgl. 8–13 u. 15–20 Uhr). Über dem Meer thront 5 km weiter die Burg von ***Angelokastro**. Nach einem kurzen Fußweg (15 Min.) haben Sie von dort **einen ausgezeichneten Blick bis Korfu-Stadt.**

Echt gut!

Infos von A–Z

Ärztliche Versorgung

Arzt heißt auf Griechisch *iatros*, Zahnarzt *odontiatros*. Viele Mediziner sprechen Deutsch oder Englisch. In größeren Orten gibt es staatliche Ambulanzstationen (»Health Center«). Die Behandlung dort ist, wenn medizinisch notwendig, gegen Vorlage der Europäischen Krankenversicherungskarte EHIC kostenfrei. Nicht alle Praxen akzeptieren die Karte allerdings. Dann müssen Sie die Arztkosten direkt zahlen. Lassen Sie sich für die Rückerstattung der Kosten vom griechischen Arzt eine Quittung mit Diagnose und Behandlungsart ausstellen. Empfehlenswert ist eine Auslandskrankenversicherung. Apotheke heißt auf Griechisch *farmakio*.

Diplomatische Vertretungen

- **Deutschland:** Karaoli & Dimitriou 3, 10675 Kolonaki/Athen, Tel. 21 07 28 51 11, Fax 21 07 28 53 35, www.athen.diplo.de
- **Österreich:** Vass. Sofias 4, 10674 Athen, Tel. 21 07 25 72 70, Fax 21 07 25 72 92, athen-ob@bmeia.gv.at
- **Schweiz:** Iassiou 2, 11521 Athen, Tel. 21 07 23 03 64, ath.vertretung@eda.admin.ch

Einreisepapiere

Für Deutsche, Schweizer und Österreicher genügt für der Personalausweis.

Feiertage

Siehe S. 33

FKK

»Oben ohne« und Nacktbaden sind, außer an ausgewiesenen Stränden, verboten und gelten als anstößig.

Geld

In Griechenland gilt der Euro. Cents heißen »Lepta«. Geld oder Reiseschecks tauschen Banken (auch in Flughäfen) und die Post. Geldautomaten für Bankkarten mit EC-/Maestrofunktion gibt es in größeren Orten. Mit Kreditkarten (Visa und Mastercard) kann man in größeren Supermärkten, in fast allen Geschäften und an Tankstellen zahlen.

Haustiere

Hunde und Katzen müssen mit einem Mikrochip oder einer Tätowierung markiert sein und benötigen einen EU-Heimtierausweis, den jede Tierarztpraxis ausstellt. In Hotels sind Hunde nicht immer gern gesehene Gäste und an Stränden verboten.

Information

Griechische Zentrale für Fremdenverkehr EOT (Ellinikos Organismos Tourismou). 2011 wurden die Büros in Hamburg, Berlin und München sowie in Zürich geschlossen.

- **Deutschland:** Neue Mainzer Str. 22, 60311 Frankfurt, Tel. 0 69/2 57 82 70, Fax 25 78 27 29, info@gzf-eot.de
- **Österreich:** Opernring 8, 10105 Wien, Tel. 01/5 12 53 17, Fax 5 13 91 89
- **Griechenland:** EOT-Zentrale, Tsocha 24, 11521 Athen, Tel. 21 08 70 70 00, Fax 21 07 75 86 31, www.visitgreece.gr

In größeren Orten gibt es Informationsbüros und die Touristenpolizei, die oft im Polizeirevier untergebracht ist.

Kleidung

Steinige Wege erfordern feste Schuhe. Wegen der Seeigel sollte man Badeschuhe oder Plastiksandalen tragen. In Shorts, kurzen Röcken oder schulterfreien Hemden und T-Shirts kein Einlass in Klöster und Kirchen!

Netzspannung

Normalerweise 220 Volt Wechselstrom, selten ist ein Adapter nötig.

Notruf

- **Polizei** Tel. 1 00
- **Erste Hilfe** Tel. 1 66
- **Englischsprachiger Notruf** Tel. 1 12
- **Feuerwehr** Tel. 1 99
- **Touristenpolizei-Zentrale** Tel. 1 71 (24 Std. erreichbar)
- **Pannenhilfe ELPA** Tel. 1 04

Öffnungszeiten

- **Geschäfte** in der Regel Mo–Sa 9–14.30 und 17.30–20.30 Uhr
- **Museen und Sehenswürdigkeiten:** die bekannteren 8–19 Uhr, sonst 8.30–15 Uhr; Mo und feiertags oft geschl. Fragen Sie evtl. nach (Öffnungszeiten können in der Saison wechseln).
- **Banken und Post:** Mo–Fr 8–14 Uhr

Post

Das Porto für Ansichtskarten und Briefe nach Deutschland, Österreich und in die Schweiz kostet jeweils 0,75 €. Die griechische Post tauscht Schecks und Bargeld, vom Postsparbuch kann man dort nicht abheben.

Sicherheit

Die Kriminalitätsrate ist relativ niedrig. Allerdings: In der Athener Metro kommt es täglich zu Taschendiebstählen. Hier ist erhöhte Wachsamkeit geboten.

Telefon/Internet

Die Telefongesellschaft OTE unterhält in größeren Orten Büros. Außerdem gibt es Kartentelefone (Karten, *tilekarta*, am Kiosk und in Läden erhältlich). Billiger wird das Telefonieren nach 22 Uhr und am Wochenende.

In der Regel wählt sich Ihr Handy automatisch in die Partnernetze (Vodafone, Cosmote, WIND, Q-Telecom) ein.

In allen Städten und Ferienorten gibt es Internetcafés, in denen man seine E-Mails abrufen kann.

! Übrigens: Telefonnummern ändern sich oft (Auskunft: 1 18 88). Es gibt keine Vorwahlen mehr; zu wählen ist immer die zehnstellige Telefonnummer. Festnetznummern haben als erste Ziffer die 2. Handynummern beginnen mit der Ziffer 6. Infos zum Mobiltelefonieren: www.teltarif.de/i/reise-grm.html.

Internationale Vorwahlen: Deutschland 00 49, Österreich 00 43, Schweiz 00 41, Griechenland 00 30.

Toiletten

Toilettenpapier wirft man nie in das WC, sondern in den Eimer daneben.

Zeit

In Griechenland gilt die Osteuropäische Zeit. Da Griechenland auch die Sommerzeit hat, muss die Uhr immer um eine Stunde vorgestellt werden.

Urlaubskasse	
Tasse Kaffee	2,50–2,80 €
Softdrink (Cola, Mineralwasser)	2,50 €
Glas Bier 0,5 l	2,50–3,00 €
Gyros	3,00 €
Eis am Stil	2,00 €
Taxifahrt dann pro km	ab 3 € 0,70 €
Mietwagen pro Tag	ab 22 €

Register

Bildnachweis

APA Publications/Phil Wood: U2-Top12-04, 10, 26, 72, 77, 82, 85, 91, 96, 98, 112; Bildagentur Huber/Mehlig: 95; Bildagentur Huber/Fantuz Olimpio: 62; Bildagentur Huber/Orient: 107; Bildagentur Huber/R. Schmid: 20, 38; Bildagentur Huber/G. Simeone: 136; Fotolia/Paul Cowan: 2-1; Fotolia/DeVIce: U2-Top12-08; Fotolia/Klaus Eppele: 124; Fotolia/Bianka Hagge: 8; Fotolia/Birger Kühnel: U2-Top12-09, 123; Fotolia/Stephan Siedler: 2-2; Fotolia/B. Soriano: 2-3; Greek National Tourism Organisation GNTO: 59, 61, 68; Rainer Hackenberg: U2-Top12-02, U2-Top12-03, 71, 79, 93, 102; IFA-Bilderteam/Stockshooter: 126; IFA-Bilderteam/Schüller: U2-Top12-11; iStockphoto/Brianna May: 29; Gerold Jung: U2-Top12-12; Martin Kirchner: 43; laif/GAFF/Pierre Adenis: 49; laif/Hemis: 109; laif/IML Image Group: 6, 36, 89; laif/Gregor Lengler: U2-Top12-06; laif/Joerg Modrow: 19; laif/Berthold Steinhilber: 42; LOOK-foto/age footstock: U2-Top12-05, 130; LOOK-foto/Hauke Dressler: 22; LOOK-foto/Franz Marc Frei: 132; LOOK-foto/Ingolf Pompe: U2-Top12-01, 35; LOOK-foto/Juergen Richter: 118; LOOK-foto/Florian Werner: 104; LOOK-foto/Konrad Wothe: U2-Top12-07, 83, 100; mauritius-images/Wojitek Buss: 47; mauritius-images/Imagebroker/Norbert Eisele-Hein: 16; mauritius-images/Imagebroker/Katja Kreder: 116; mauritius-images/Imagebroker/Siepmann: U2-Top12-10; mauritius-images/Pacific Stock: 58; mauritius-images/Andre Pöhlmann: 15; mauritius-images/Profimedia: 53; Lothar Paul Ramm: 66; Gregor M. Schmid: 12; Taurus Film: 32; Klaus Thiele: 103; Ernst Wrba: 55..

Polyglott im Internet: www.polyglott.de

Impressum

Wir freuen uns, dass Sie sich für einen Reiseführer aus dem Polyglott-Programm entschieden haben. Auch wenn alle Informationen aus zuverlässigen Quellen stammen und sorgfältig geprüft sind, lassen sich Fehler nie ganz ausschließen. Wir bitten um Verständnis, dass der Verlag dafür keine Haftung übernehmen kann. Ihre Hinweise und Anregungen sind uns wichtig und helfen uns, die Reiseführer ständig weiter zu verbessern. Bitte schreiben Sie uns:

GVG TRAVEL MEDIA GmbH, ein Unternehmen der GANSKE VERLAGSGRUPPE
Redaktion Polyglott, Harvestehuder Weg 41, 20149 Hamburg, redaktion@polyglott.de

Wir wünschen Ihnen eine gelungene Reise!

Herausgeber: GVG TRAVEL MEDIA GmbH
Redaktionsleitung: Grit Müller
Autoren: Claudia Christoffel-Crispin und Gerhard Crispin
Redaktion: SRT, Wolfratshausen und Anissa Nasser, Ottobrunn
Lektorat: Hans Werner Rodrian (SRT) und Polyglott
Bildredaktion: Polyglott, SRT, Wolfratshausen und Ulrich Reißer
Layout: Ute Weber, Geretsried, Carmen Marchwinski
Titeldesign-Konzept: Studio Schübel Werbeagentur GmbH, München
Karten und Pläne: Kartografie Huber, Theiss Heidoph und Kartografie GVG TRAVEL MEDIA GmbH, Hamburg
Satz: SRT, Wolfratshausen; Schulz Bild & Text, Mainz
Druck und Bindung: Stürtz Mediendienstleistungen, Würzburg

Printed in Germany
Dieses Buch wurde auf chlorfrei gebleichtem Papier gedruckt.
ISBN 978-3-8464-0711-0

Langenscheidt Mini-Dolmetscher Griechisch

Allgemeines

Guten Morgen.	Καλημέρα. [kali**me**ra]
Guten Tag.	Χαίρετε. [**che**rete]
Guten Abend.	Καλησπέρα. [kali**spe**ra]
Hallo! (du)	Γειά σου! [**ja**‿ßu]
Hallo! (Siezen und Plural)	Γειά σας! [**ja**‿ßas]
Wie geht es dir?	Τι κάνεις; [ti **ka**nis]
Wie geht es Ihnen / euch?	Τι κάνετε; [ti **ka**nete]
Danke, gut.	Καλά ευχαριστώ. [ka**la** efchari**sto**]
Ich heiße ...	Λέγομαι ... [**le**gome]
Auf Wieder-sehen.	Αντίο. [an**di**o]
Morgen	πρωί [pro·**i**]
Nachmittag	απόγευμα [a**po**jewma]
Abend	βράδυ [**wra**ði]
Nacht	νύχτα [**nich**ta]
morgen	αύριο [**aw**rio]
heute	σήμερα [**ßi**mera]
gestern	χτες [chtes]
Sprechen Sie Deutsch / Englisch?	Μιλάτε γερμανικά / αγγλικά; [mi**la**te jermani**ka** / angli**ka**]
Wie bitte?	Ορίστε; [o**ris**te]
Ich verstehe nicht.	Δεν καταλαβαίνω. [ðen katala**we**no]
Sagen Sie es bitte nochmals.	Ξαναπείτε το, παρακαλώ. [ksana**pi**te to paraka**lo**]
..., bitte	..., παρακαλώ [paraka**lo**]
danke	ευχαριστώ [efchari**sto**]
Keine Ursache.	Τίποτε. [**ti**pote]
was / wer	τι / ποιος [ti / pjos]
wo / wohin	πού [pu]
wie / wie viel	πως / πόσο [pos / **po**ßo]
wann / wie lange	πότε / πόση ώρα [**po**te / **po**ßi **o**ra]
Wie heißt das?	Πως λέγεται αυτό; [pos **le**jete af**to**]
Wo ist ...?	Πού είναι ...; [pu **i**ne]
Können Sie mir helfen?	Μπορείτε να με βοηήσε τε; [bo**ri**te na me wo·i**θi**ßete]
ja	ναι [ne]
nein	όχι [**o**chi]
Entschuldigen Sie.	Με συγχωρείτε. [me ßingcho**ri**te]
Das macht nichts.	Δεν πειράζει. [ðen pi**ra**si]
Gibt es hier eine Touristen-information?	Υπάρχει τουριστικό γραφείο εδώ; [i**par**chi turisti**ko** gra**fi**o e**ðo**]
Haben Sie einen Stadt-plan?	Œχετε ένα χάρτη της πόλης [**e**chete **e**na **char**ti tis **po**lis]

Shopping

Wo gibt es ...?	Πού έχει ...; [pu **e**chi]
Wie viel kostet das?	Πόσο κοστίζει αυτό; [**poo** kos**ti**si af**to**]
Wo ist eine Bank?	Πού υπάρχει μια τράπεζα; [pu i**par**chi **mia** **tra**pesa]
Geben Sie mir bitte 100 g (Feta-)Käse / .	Παρακαλώ δώστε μου εκατό γραμμάρια τυρί (φέτα). [paraka**lo** **do**ste mu eka**to** gra**ma**ria ti**ri** (**fe**ta)]
Haben Sie deutsche Zeitungen?	Œχετε γερμανικές εφημερίδες; [**e**chete jermani**kes** efime**ri**ðes]
Wo kann ich telefonieren / eine Telefon-karte kaufen?	Πού μπορώ να τηλεφωνήσω / να αγοράσω τηλεκάρτα; [pu bo**ro** na tilefo**ni**ßo / na ago**ra**ßo tile**kar**ta]

Essen und Trinken

Die Speise-karte, bitte.	Τον κατάλογο, παρακαλώ. [ton ka**ta**logo paraka**lo**]
Was gibt es zu essen?	Τι φαγητά υπάρχουν; [ti faji**ta** i**par**chun]
Brot	ψωμί [pso**mi**]
Kaffee	καφές [ka**fes**]
Tee	τσάι [**tsa**·i]
mit Milch / Zucker	με γάλα / ζάχαρη [me **ga**la / **sa**chari]
Orangensaft	χυμός πορτοκάλι [chi**mos** / porto**ka**li]
Einen (griechi-schen) Kaffee, bitte.	Œναν (ελληνικό) καφέ παρακαλώ. [**e**nan (ellini**ko**) ka**fe** paraka**lo**]
Suppe	σούπα [**ßu**pa]
Fisch	ψάρι [**psa**ri]
Meeresfrüchte	ιαλασσινά [θalaßi**na**]
Fleisch	κρέας [**kre**as]
Geflügel	πουλερικά [puleri**ka**]
Beilagen	γαρνιτούρα [garni**tu**ra]
vegetarische Gerichte	χορτοφαγικά πιάτα [chortofaji**ka** **pja**ta]
Eier	αυγά [aw**ga**]
Salat	σαλάτα [ßa**la**ta]
Dessert	επιδόρπιο [epi**ðor**pio]
Obst	φρούτα [**fru**ta]
Eis	παγωτό [pago**to**]
Wein	κρασί [kra**ßi**]
Bier	μπύρα [**bi**ra]
Wasser	νερό [ne**ro**]
Mineralwasser	μεταλλικό νερό [metalli**ko** ne**ro**]
Limonade	πορτοκαλάδα [portokalada]